다녀와서, 생각하며

다녀온 자리에서 피어난 여성의 이름들

고래억
서사 인물 에세이
(Narrative Character Essay)

다녀와서, 생각하며

다녀온 자리에서 피어난 여성의 이름들

산사나무

글쓴이의 말

이 서사 인물 에세이는
내가 다녀온 자리들에 대한 기록입니다.
왕실의 슬픈 여인들과,
시대를 앞서간 여성들의 삶을 따라
길을 걷고,
마음으로 생각하며 쓴 언어입니다.
그들의 흔적 위에서
나는 나의 언어를 발견했고,
지워진 이름들 속에서 흔적을 불러냈습니다.
이 글들이 시간과 마주 앉은 이들에게
조용한 위로가 되길 바랍니다.

2025년 9월
고래억

프롤로그

'다녀왔다'는 말에는 발걸음의 기억이,
'생각한다'는 말에는 머무름의 시간이
담겨 있다.
이 에세이는 두 가지를 잇는 마음의 여정이다.
잊힌 여인들의 삶을 다시 걷고
그 자리에 글을 입혔다.

목차

글쓴이의 말 - 5
프롤로그 - 7

1부 비극의 왕실 여인들
왕실의 담장 안에서 권력과 운명에 휘말려, 이름 대신 눈물로 남은 여인들

정릉貞陵을 다녀와서 - 15
- 신덕왕후 강씨(神德王后 康氏. ?~1396)를 생각하며

헌릉獻陵을 다녀와서 - 18
- 원경왕후 민씨(元敬王后 閔氏. 1365~1420)를 생각하며

영릉英陵을 다녀와서 - 21
- 소헌왕후 심씨(昭憲王后 沈氏. 1395~1446)를 생각하며

현릉顯陵을 다녀와서 - 24
- 현덕왕후 권씨(顯德王后 權氏. 1418~1441)를 생각하며

광릉光陵을 다녀와서 - 26
- 정희왕후 윤씨(貞熹王后 尹氏. 1418~1483)를 생각하며

경릉敬陵을 다녀와서 - 29
- 인수대비(소혜왕후) 한씨(昭惠王后 韓氏. 1437~1504)를 생각하며

사릉思陵을 다녀와서 - 31
- 정순왕후 송씨(定順王后 宋氏. 1440~1521)를 생각하며

회묘懷墓를 다녀와서 - 34
- 폐비 윤씨(廢妃 尹氏. 1455~1482)를 생각하며

온릉溫陵을 다녀와서 - 37
- 단경왕후 신씨(端敬王后 愼氏. 1487~1558)를 생각하며

동작묘銅雀墓를 다녀와서 - 39
- 창빈 안씨(昌嬪 安氏, 1499~1549)를 생각하며

태릉泰陵을 다녀와서 - 42
- 문정왕후 윤씨(文定王后 尹氏, 1501~1565)를 생각하며

강릉康陵을 다녀와서 - 45
- 인순왕후 심씨(仁順王后 沈氏, 1532~1575)를 생각하며

창덕궁昌德宮을 다녀와서 - 48
- 정난정(鄭蘭貞, ?~1565)을 생각하며

목릉穆陵을 다녀와서 - 52
- 인목왕후 김씨(仁穆王后 金氏, 1584~1632)를 생각하며

영회원永懷園을 다녀와서 - 55
- 소현세자빈 민회빈 강씨(愍懷嬪 姜氏, 1611~1646)를 생각하며

휘릉徽陵을 다녀와서 - 57
- 장렬왕후 조씨(莊烈王后 趙氏, 1624~1688)를 생각하며

대빈묘大嬪墓를 다녀와서 - 61
- 희빈 장옥정(玉山府大嬪 張氏, 1659~1701)을 생각하며

명릉明陵을 다녀와서 - 63
- 인현왕후 민씨(仁顯王后 閔氏, 1667~1701)를 생각하며

소령원昭寧園을 다녀와서 - 68
- 숙빈 최씨(淑嬪 崔氏, 1670~1718)를 생각하며

홍릉弘陵을 다녀와서 - 70
- 정성왕후 서씨(貞聖王后 徐氏, 1692~1757)를 생각하며

융릉隆陵을 다녀와서 - 74
- 혜경궁 홍씨(獻敬王后 洪氏, 1735~1815)를 생각하며

원릉元陵을 다녀와서 - 76
- 정순왕후 김씨(貞純王后 金氏, 1745~1805)를 생각하며

서삼릉 의빈묘宜嬪墓를 다녀와서 - 79
- 의빈 성씨(宜嬪 成氏 成德任, 1753~1786)를 생각하며

인릉仁陵을 다녀와서 - 83
- 순원왕후 김씨(純元王后 金氏, 1789~1857)를 생각하며

홍릉洪陵을 다녀와서 - 87
- 명성왕후 민씨(明成王后 閔氏, 1851~1895)를 생각하며

2부 시대를 앞서간 여인들
가부장적 억압과 사회의 장벽을 넘어, 새 길을 열고 시대를 비춘 여인들

강릉 오죽헌烏竹軒을 다녀와서 - 93
- 현모양처 신사임당(申師任堂, 1501~1551)을 생각하며

경기도 포천시 설운동 산 1-14를 다녀와서 - 97
- 장애를 딛고 조선 최고의 가문을 만든 고성 이씨(固城 李氏, 1539~1615)를 생각하며

경기도 하남시 광주읍 초월면 지월리를 다녀와서 - 102
- 시인 허난설헌(許蘭雪軒, 1563~1589)을 생각하며

진주 남강 촉석루矗石樓를 다녀와서 - 106
- 의녀 논개(論介, ?~1593)와 계월향(桂月香, ?~1592)을 생각하며

강원도 원주시 호저면 무장리 산 143-2를 다녀와서 - 110
  - 성리학자 임윤지당(任允摯堂, 1721~1793)을 생각하며

제주시 건립동 사라봉 모충사慕忠祠를 다녀와서 - 114
  - 만석꾼 김만덕(金萬德, 1739~1812)을 생각하며

절두산 순교 박물관을 다녀와서 - 117
  - 순교자 강완숙(姜完淑, 1760~1801)을 생각하며

경기도 성남시 수정구 금토동을 다녀와서 - 121
  - 성리학자 강정일당(姜靜一堂, 1772~1832)을 생각하며

고창 동리 신재효申在孝 고택을 다녀와서 - 124
  - 여성 명창 진채선(陳彩仙, 1847~ ?)을 생각하며

경북 영양군 석보면 남자현 지사 역사공원을 다녀와서 - 129
  - 여자 안중근 남자현(南慈賢, 1872~1933)을 생각하며

간송미술관을 다녀와서 - 133
  - 전형필의 아내 조예선(趙體善, ?)을 생각하며

국립 서울 현충원 애국지사 묘역을 다녀와서 - 137
  - 애국지사 김마리아(金瑪利亞, 1892~1960)를 생각하며

수원시 나혜석 거리를 다녀와서 - 141
  - 신여성 나혜석(羅蕙錫, 1896~1948)을 생각하며

서울 대학로 마로니에 공연을 다녀와서 - 146
  - 소프라노 윤심덕(尹心悳, 1897~1926)을 생각하며

병천 아우내 장터를 다녀와서 - 149
  - 애국열사 유관순(柳寬順, 1902~1920)을 생각하며

안산시 본오동 샘골을 다녀와서 - 154
  - 농촌 계몽가 최용신(崔容信, 1909~1935)을 생각하며

부산광역시 동래구 칠산동 319-1을 다녀와서 - 160
  - 독립운동가 박차정(朴次貞, 1901~1944)을 생각하며

전남 광주 소심당 조아라 기념관을 다녀와서 - 164
  - 광주의 어머니, 조아라(曺亞羅, 1912~2003)를 생각하며

경북 봉화군 춘양면 의양리(구, 와단면 한수리)를 다녀와서 - 167
  - 항일 운동가 이효정(李孝貞, 1913~2010)을 생각하며

이화여대 법학관 '이태영홀'을 다녀와서 - 170
  - 최초의 여성 법조인 이태영(李兌榮, 1914~1998)을 생각하며

충남 천안 '국립망향의동산'을 다녀와서 - 174
  - 최초의 위안부 증언자 김학순(金學順, 1924~1997) 여사를 생각하며

경남 하동군 악양면 평사리를 다녀와서 - 178
  - 《토지》작가 박경리(朴景利, 1926~2008)를 생각하며

전남 영광군 백수면 장산리를 다녀와서 - 181
  - 세계적인 RNA 연구자 김빛내리(1969~)를 생각하며

전남 장흥군 회진면 남도문학관을 다녀와서 - 184
  - 노벨문학상 수상자 한강(漢江, 1970~)을 생각하며

전남 광주과학기술관을 다녀와서 - 188
  - 우주인 이소연(李素姸, 1978~)을 생각하며

마치며, - 191
  - 죽지 못해 살아온, 이름 없는 여인들에 바치는 헌시(獻詩)

에필로그 - 194

1부

비극의 왕실 여인들

왕실의 담장 안에서 권력과 운명에 휘말려, 이름 대신 눈물로 남은 여인들

정릉貞陵을 다녀와서
-신덕왕후 강씨(神德王后 康氏, ?~1396)를 생각하며

고려의 그림자 아래
경처京妻가 된 문벌의 피,
신흥 세력의 칼날 위에 피어
조선의 첫 왕비가 되었다.

새 나라 운세 따라
역사의 물줄기를 가르며
자식에게 왕좌를 내어주려
삼봉의 계략에도 손을 내밀었다.

세상을 너무 쉽게 본
왕비는
공보다 욕망이 먼저 보였고,
상황보다 처지가 우선 되었다.

그 길에 방원의 칼끝은
한 줌의 연민도 없이

피를 갈랐고,
정릉의 흙마저 내 편이 아니었다.

무덤이 파헤쳐진 밤, 흥천사 풍경은
당신의 이름을 부르며 울었고,
태조의 에이는 간장은
예불의 타종을 들으며 겨우 잠을 청했다.

여인이여, 왕비였던 그대여
욕망을 다스리는 지혜 없이는
천명을 얻을 수 없음을
몸으로 가르친 역사였다.

오늘을 사는 우리 또한
당신의 거울 앞에 선다.
때를 모르고 말하고,
자리를 모르고 욕심을 부리며,

정릉의 바람에 귀 기울이라—
시중時中의 도, 중도中道의 뜻
그 무게를 잴 줄 아는 이만이
한 시대를 온전히 건너리니….

헌릉獻陵을 다녀와서
- 원경왕후 민씨(元敬王后 閔氏, 1365~1420)를 생각하며

처음부터 나는 왕비가 되고
싶지 않았다.
그저 한 사내의 아내로, 조용히 살고
싶었다.
하지만, 운명은 내게 칼을 쥐어 주었다.
그가 가는 길에 나도 함께 피를 밟았다.

시아버지가 돌아오던 그해 겨울,
내 앞에는 새로운 왕비가 앉았고
그 여인의 아들이 세자가 되었다.
공을 세운 남편 대신 열 살 된 세자라니
그날부터 마음속에 작고 서늘한 틈이 생겼다.

나는 내 친정을 끌어들였다.
우리는 함께 싸웠고, 함께 피를 흘렸다.
왕좌는 그의 것이 되었고
그의 곁엔 내가 있었다.

그러나, 그는
그것이 나의 공이 아니라 위협이라 믿었다.
후궁을 들이며 나를 가르고
하나의 태양만이 하늘을 밝힌다며
외척이라 부르며 내 피붙이를 베어 냈다.

나는 왕의 아내였고
나라의 어머니였지만
그에게 나는 불편한 그림자였다.
나는 홀로 피 묻은 밤을 지새웠다.

부귀가 덧없다 한들 그 누가 알겠는가.
사랑은 칼이 되어 친정의 피를 부르니
이룬 공은 바람처럼 스쳐 가고
그 모든 것이 너무도 무겁고 깊었다.
높은 자리에 있었으나,
나는 끝내 곁에 있지 못했다.

왕비였으나, 아내는 아니었다.
공동 창업자였으나, 하나의 태양은 아니었다.

이제 모든 것이 지나고,
나는 침묵만이 진실이라는 것을 안다.
그래서 오늘도 조용히 나를 지운다.
역사의 뒷면에서,
그저 한 줄기 그늘로 남는다.

영릉英陵을 다녀와서
  - 소헌왕후 심씨(昭憲王后 沈氏, 1395~1446)를 생각하며

두 살 연상 어진 중전 소헌왕후,
심씨의 마음엔 늘 먹구름이 들었다.

궁궐 깊은 곳,
왕의 후궁들을 품에 안으며
<u>스스로</u>는 그늘이 되었다.
덧없는 질투도 있었으나
입술을 깨물며 삼켰다.

왕이 평화를 원했기에
그녀는 평화가 되었다.

그러나, 피붙이는
칼을 피하지 못했다.
아버지는 사약을 들었고,
어머니는 천한 옷을 입었다.
형제는 도륙되었고,

중전은 침묵으로 조문을 대신했다.

울 수 없는 자리에서
그녀는 속으로 울었다.

해괴한 이름으로 사라진 세자빈들,
어긋난 인연에 세상을 먼저 간 두 아들,
그 모든 것이 그녀의 가슴에 묻혔다.

말하지 않고,
드러내지 않고,
세종이 나라를 다스리는 동안
그녀는 자신을 다스렸다.

위로받지 못한 여인의 삶,
그러나 한 나라의 품격이 되었고
세월은 그런 그녀를

조선의 진정한 왕비라 불렸다.

심씨 소헌왕후의 마음
그 안엔 사랑도, 고통도,
무너진 친정도, 꿋꿋이 지킨 품위도
모두 있었다.

현릉顯陵을 다녀와서
- 현덕왕후 권씨(顯德王后 權氏, 1418~1441)를 생각하며

어여쁜 비빈, 봄꽃 아래 잠든 몸
문종의 사랑 안고 단종을 낳았네.
산후의 병이 채 가시기 전
한 자락 숨결로 세상과 이별했지.

천한 듯 곱고, 짧았던 생애
아들은 왕이 되어 그녀를 하늘에
올렸지만
숙부의 칼바람은 그 꽃을 짓밟고
능은 파헤쳐져 모래 속에 던져졌네.

밤마다 꿈결에 나타난 어진 얼굴
"내 아들 죽인 그 죄, 하늘도 모를까."
세조는 자다가도 놀라 깨고
피부는 썩고, 마음도 문드러져 갔다.

권력은 손에 쥐었으되

잠은 짧고 병은 깊어
그 찬란하던 옥좌 위엔
허망한 바람만 불어 스쳐 가누나.

결국 그녀는 복권되어 남편 곁에 눕고
단종도 용서받아 백성의 눈물로 씻기우니
하늘의 정의는 늦어도 다다르나니
억눌린 진심은 언젠가 피어나리라.

광릉光陵을 다녀와서
― 정희왕후 윤씨(貞熹王后 尹氏, 1418~1483)를 생각하며

강원도 홍천 윤번의 딸로 태어나
감찰상궁의 눈에 띤 어린 꽃.
그 자태가 언니보다 빼어나
수양의 배필이 되었을 뿐이다.

열한 살,
긴 치마 속에 감춰 둔 것은 수줍음이
아니라
이따금 눈빛에서 새어 나오던 단단한
의지

나라의 의지가 바뀌는 어느 날,
남편은 침상에서 머뭇거렸고
그녀는 몸에 갑옷을 입혀 주었다.
"나으리 나아가시오."
그렇게 한 나라의 아침이 바뀌었다.

왕후가 되었으나
첫아들은 젊은 나이에 떠났고
둘째도, 손자 인성도 오래 머물지 못했다.
그녀는 하나씩 가슴에 묻었다.
심장을 조심스레, 깊은 밤마다 묻었다.

그러나 울지 않았다.
울음은 권세를 흐리게 하고
권세는 무너지는 나라를 붙잡아야 했으므로.

열두 살의 자을산군에게
왕의 자리를 내리고
한명회의 뜻을 타고
그녀는 일곱 해를 다스렸다.
조용히, 그러나 단호하게.
어머니였고
정치인이었고

어쩌면 그 누구보다 왕이었다.

그리하여,
수많은 왕비들이 피눈물을 삼킨
자리에서
그녀는 처음으로 웃으며 물러났다.

온양의 따스한 물속에서
그녀는 손끝의 고통을 풀었고
그 모든 계절의 무게를 놓고
고요히, 예순여섯 해에 궁궐을 떠났다.

사람들은 그녀를 두고
지혜롭다 했다.
그러나 그것은
검보다 무거운 삶을 견딘 자의
명예였다.

경릉(敬陵)을 다녀와서
– 인수대비(소혜왕후) 한씨(昭惠王后 韓氏, 1437~1504)를 생각하며

금수저로 태어나,
고모는 명나라 황제의 비
아버지는 조정의 실세
세조는 왕위를 넘보며
그 집 딸을 며느리로 들였다.

그녀는 알았다.
자신이 중궁에 설 운명임을,
눈빛엔 단호함이 있었고
마음엔 제국의 설계도가 있었다.

그러나 뜻은 한 치 앞도 모른다.
남편 의경세자가 먼저 저세상으로 떠나고
시동생이 세자로, 이어 왕으로 등극했다.
비단 위에 그림 그리듯
그녀의 인생은 그때부터 틀어졌다.
사내보다 더 단단했던 여인은

한명회의 사위인 아들을 지켜내며
기어이 아들을 왕위에 앉혔다.
그리하여 대비가 되었고,
조정은 그녀의 손바닥 위에 있었다.

그러나 권세는 그늘을 키운다.
성종은 여색에 흔들리고,
윤씨는 질투와 슬픔으로 파국을 맞는다.
사약을 내린 이가 누구인지,
연산군은 알았고
그 손으로 피의 복수를 택했다.

할머니였던 당신,
내훈(內訓)을 지었건만
자애보다 의지를 먼저 내세운 죄,
그 결기와 판단이
결국 자신을 향한 칼이 되어 돌아왔다.

사릉思陵을 다녀와서
- 정순왕후 송씨(定順王后 宋氏, 1440~1521)를 생각하며

그날, 영도교 아래 바람이 울었다.
열다섯 살 왕비의 눈동자에
임의 마지막 그림자가 스며들었다.
"가시오, 부디 무사히 가시오."
떨리는 목소리는 끝내 부르지 못할
이름 하나를
가슴에 묻고 말았다.

정순왕후,
이름은 왕후였지만
삶은 버려진 여인의 것이었다.
세조가 왕좌를 차지하던 날,
그녀의 시간은 얼어붙었고
임은 유배당해 다시는 돌아오지
못했다.

영월 청령포,

그곳에서 임은 열여덟 꽃다운 나이에
하늘을 등지고 세상을 하직했지만
왕비는 살아야 했다.
왕후의 자리에서 쫓겨났지만
사랑했던 마음 하나로
그는 여든하나 해를 꿋꿋이 살아냈다.

권력은 생명을 끊었지만
그녀는 그 끊어진 생을 품에 안고
매일같이 임을 불렀다.
마음으로, 꿈으로, 눈물로,
그 애틋한 그리움이
사릉思陵이라는 이름이 되었고,
서로를 그리다 마침내
천승에서 다시 상봉했으리라.

정순왕후여,

당신이 견딘 한 세기는
이 땅의 가장 조용한 절규였다.
권력이 짓밟은 연민 앞에
우리는 묻습니다.

권력이 이긴 것입니까,
아니면 슬픔이 끝내 이긴 것입니까?

회묘懷墓를 다녀와서
- 폐비 윤씨(廢妃 尹氏, 1455~1482)를 생각하며

궁궐에 들어서던 그날, 그녀는 꽃
같았고
아름다움은 봄 햇살처럼 눈부셨다.
고운 얼굴에 임금의 시선이 머물고
단정한 품행에 대비조차 칭찬을 아끼지
않았다.

아들을 품에 안으며 꿈은 더
가까워졌고
왕비로서 탄탄한 꽃길만 있는 듯했지만
후궁들의 질투와 모함은 독처럼 번져
결국 그 고운 마음마저 닫히게 만들었다.

어미의 마음으로 아들을 지키려
약초에 의지해 성은을 회복하고자
했지만
세상은 그 뜻을 몰라주었고

분노의 손길은 임금의 얼굴을 스치고
말았다.

그날로 그녀의 운명은 달라졌고
궁궐의 문은 차갑게 닫혔다.
쫓겨난 사가에서 사약 한 잔에 생을
마감하며
억울한 죽음은 자식의 가슴에 깊이
새겨졌다.

연산은 피로 복수를 하였고
그날의 원한을 단죄라 여겼지만
결국 그 칼날은 자신에게로 돌아와
왕좌에서 끌려 나와 생을 마감하게
되었다.

사람들은 그를 광인이라 폭군이라 했지만

어미의 그리워하는 마음, 그 깊은 슬픔을
누가 온전히 헤아릴 수 있었으랴.

만약 그날,
조금 더 참고, 조금 더 물러섰더라면
이 비극의 역사는 쓰이지 않았을지도
모른다.

온릉(溫陵)을 다녀와서
- 단경왕후 신씨(端敬王后 慎氏, 1487~1558)를 생각하며

아, 일곱 날 봄빛 속에
왕후라 부르던 이름이여
그리 짧을 줄을 어이 알았으랴
꽃 피기도 전에 꺾인 내 뜻이여

궁궐 깊은 대궐 뜰에
내 그림자마저 사라질 제
마음속 그이 얼굴만은
어찌하여 이리도 또렷하오

치마 한 자락 벗어 걸고
바위 끝에 내 마음 얹어
소슬바람에 실어 보낸
이 한마디를 전하소서

"부디 몸 평안하소서
내가 잊힌다 하여도

그대 가슴 한 켠에
내 정 한 줄 남기소서"

슬픔이 강물 되어 별과 나눈 얘기
치마바위는 듣고 또 들으니
이 몸은 궁 밖의 이름일지라도
사랑만은 궁 안에서 머무르리다.

동작묘(銅雀墓)를 다녀와서
– 창빈 안씨(昌嬪 安氏, 1499~1549)를 생각하며

말 없던 후궁 한 분,
단아한 눈빛으로 조정의 바람을
견디었다.
소리 내어 다투지 않았고
욕망 따라 움직이지 않았으며
제자리를 지키는 일이
어찌 이리 귀할 줄 누가 알았으랴.

문정왕후의 그림자 길고,
경빈 박씨와 희빈 홍씨의 야망이
날 서 있을 때에도
그이는 조용히 뜰을 쓸고
왕자를 돌보며 아침 햇살에 손을 모았다.

한 마디도 욕심 섞인 말 없고
한 걸음도 탐심 있는 길 없었기에
사약이 내려질 때도

그 처소엔 바람 한 줄기 스치지 않았다.

그 덕으로
자식이 남고, 손자 하성군이 자라
훗날 조선을 다스리는 선조가 되니
조용한 미덕이 나라를 잇는 줄 우리는
뒤늦게 안다.

수백 년 뒤,
그 묘역엔 또 다른 이름들이 모였다.
이승만, 박정희, 김영삼, 김대중…
조선에서 대한민국으로
시대의 물줄기가 이어지듯
그 후덕한 품속에 오롯이 이어졌다.

역사는 소리 높인 이의 이름만
기록되지 않는다.

조용히 흐르는 물이
어느새 큰 강이 되는 것을 기억하듯

탐욕을 던지고 순리에 따르는 삶(無爲의 삶),
그것이야말로 오래도록 이어질 복이요
흔들이지 않는 행복이라

창빈昌嬪 안씨安氏 묘역은
지금도 바람에 인자함을 싣고
우리에게 말없이 가르친다.

"욕심慾心은 물거품이요,
덕德은 영원히 남는 것이라고."

태릉泰陵을 다녀와서
- 문정왕후 윤씨(文定王后 尹氏, 1501~1565)를 생각하며

파평 윤씨 귀한 가문,
윤지임의 딸로 태어나
중종의 계비가 되었을 때
그녀는 조용히 미소 지었다.

장경왕후의 외로운 왕손,
인종을 품듯 안고
정성으로 손길을 덮을 땐
궁중의 꽃도 고개를 숙였다.

그러나 운명이 한 번 웃고
아들 명종을 낳자
그 미소는 칼날이 되었고
그 정성은 냉정한 벽이 되었다.

인종은 병들고
동생 윤원형의 권세는

사람의 고개를 꺾는 절대 권력이었다.
을사사화(1545)의 피비린내는
대궐 처마 끝에도 고여 있었고
억울한 이름들이 역사에서 사라졌다.

열두 해 수렴청정,
문정왕후의 손끝은
조선을 휘감아 쥐고 흔들었으며
조정은 더 이상 임금의 것이 아니었다.

그러나 하늘은
길을 아는 자에게 복을 주고
넘치는 자에게 채찍을 드는 법,
포천 회암사檜巖寺,
아들의 장수를 빌며 예불을 올리던
그날
그녀의 생은 조용히 꺼졌다.

아들은 오래 살지 못했고
후사도 남기지 못한 채
왕좌는 허무의 구름 위에 떠 버렸다.

이제 남은 것은
무덤과 기록과,
욕심이 걷고 간 긴 그림자 하나.

강릉康陵을 다녀와서
- 인순왕후 심씨(仁順王后 沈氏, 1532~1575)를 생각하며

얼굴이 고왔고, 발걸음이
조심스러웠던 심강의 딸, 심씨는
연상의 세자빈이 되어 층층시하 속
나라를 가슴에 품었다.

인종이 승하하고 내 머리 위에는
인성왕후와 문정왕후의 긴 그림자,
그 아래 검은 물결이
항상 먼저 일렁였지요.

그 속에서 꽃이 피어
내 아들 순회는 세자가 되었고
미래의 궁궐이 그의 작은 심장에서
뛰고 있었다.

그러나 열세 살, 세상 구경도
채 못하고

피를 토하며 세자빈 곁을 떠나고 말았다.
세상은 무너졌고,

임금은 방마다 무수리를 불렀고
밤마다 쏟아내는 땀으로 흘렀으나
결국은 아무것도 남기지 못한 채
조용히 붕어하시었습니다.

그 후, 나라는 다시 내 앞에
놓였습니다.
나는 글을 몰랐지만,
하성군 선조 발 뒤에 앉아
무엇을 남겨야 할까 조용히 생각했습니다.

척신의 권력 대신, 도의의 이름을
앉혔습니다.
임금 곁에 궁녀를 멀리했고, 젊은 피가 어전을

맴도는 걸 허락하지 않았습니다.
나는 그저 두려웠을 뿐입니다.
또다시 한 아이가 무너지는 걸 보기
싫었습니다.

그렇게 칠 년을 지나
나는 물처럼 빠져나왔습니다.
울지도, 소리치지도 않고
임금 곁에 조용히 누워
다시는 부르지 않을 이름들을 흙 속에
묻었습니다.

나는 왕비였고, 어머니였습니다.
무너지지 않으려
애썼던 하나의 사람, 그러나
무너져야 빛이 된다는 것을
무덤에서 알게 되었습니다.

창덕궁昌德宮을 다녀와서
― 정난정(鄭蘭貞, ?~1565)을 생각하며

문정왕후의 동생이자 명종의 외삼촌인
이조판서 윤원형의 곁,
사대부의 첩,

출신이 낮다는 이유로
말끝마다 따라붙는 멸시와 조소,
"첩년이 감히."
"여자가 어찌."
그 말들이 날마다 가슴을 긁었고,
그녀는 날마다 더 깊이 들어갔다.

정난정.
그 이름은 가문도, 문벌도 아닌
스스로 빚은 이름이었다.
그녀는 권력의 뒷문을 연 것이 아니라,
제 손으로 정문을 박차고 들어간
여인이었다.

남자들만 앉은 자리에 앉고,
음지에만 머물던 여인의 손으로
인사권을 쥐고, 재정을 흔들고,
궁중의 약방조차 그녀의 손안에
있었다.
백성은 두려워했고,
양반은 분노했다.

왜냐면
그녀는 여성이었기 때문이다.
첩이었기 때문이다.
태어날 때부터 정해진 위계를
감히 뒤집었기 때문이다.

그녀가 악녀라 불린 건
사람을 해쳐서가 아니라,
금기를 깼기 때문이다.

그녀는 안다.
이 나라는 혼인보다 혈통을,
덕보다 족보를,
사람보다 제도를 사랑한다고.

그래서 그녀는
그 제도의 틈을 파고들었다.
무릎 꿇지 않았고,
웃으며 넘겼고,
손에 쥔 권력을
자신을 지우려 했던 세상을 향해
되돌렸다.

서얼과 첩의 자식들,
궁 안의 여인들,
무수한 이름 없는 이들의 억울함을
자신의 오명 속에 품어 안았다.

모두가 잊었지만,
그녀는 사실
불평등한 세계를 거스른
첫 번째 개혁자였는지도 모른다.

죽음은 온몸을 파고들었지만
그녀의 이름은 아직 살아 있다.
침묵과 비난, 욕설과 역사 속에서도
살아남은 이름.
정난정.
그녀는 단 한 번도,
자신이 낮다고 생각하지 않았다.

그 사실이,
이 모든 파란의 시작이었다.

목릉穆陵을 다녀와서
- 인목왕후 김씨(仁穆王后 金氏, 1584~1632)를 생각하며

가례 날, 하늘은 울었다.
비바람은 세차게 내렸고, 열아홉 꽃 같은
그녀는
쉰을 넘긴 임금의 왕비가 되었다.
누구도 말하지 않았다.
그 비바람이 피비린내로 물들
운명의
전주곡이 될 줄은.

왕비가 되면 꽃길만 열릴 줄
알았다.
그러나 부귀의 문은 열리지 않았고
대신 피와 눈물의 골이
그녀를 삼켰다.

아버지 김제남은
반역의 이름으로 사라졌고,

사랑하던 아들 영창은
뜨거운 용강로 같은 방안에서
산 채로 쓰러져 쪄 죽음을
당했다.

그녀는 더 이상 왕비가 아니었다.
"서궁에 가두라"는 말 한마디에
궁궐 한 구석, 햇빛 없는 방
그곳이 그녀의 나라가 되었다.
밤마다 달빛에 아이의 이름을 부르며
목메어 울던 여인,
그녀가 바로 인목이다.

그러나 하늘은 아주 외면하지는
않았다.
광해는 쫓겨났고,
능양군 인조는 그녀의 손을 잡았다.

문을 열고 나온 서궁의 그림자,
그녀는 왕실의 어른으로 복권되었지만
복수는 허락되지 않았다.

죽지 않은 광해는
역사의 뒤편에서 천수를 누렸고,
그녀는 원한을 품은 채
먼저 무덤에 들었다.

서궁의 돌바닥을 적시던 그 빗물은
그녀의 눈물이었을까
아니면 그녀의 아들의 피였을까.

목릉에 누운 인목,
그 이름 앞엔
왕비도, 대비도, 어미도 아닌
다만 '한 많은 사람'으로 남았다.

영회원(永懷園)을 다녀와서
- 소현세자빈 민회빈 강씨(愍懷嬪 姜氏, 1611~1646)를 생각하며

아, 하늘이시여
어찌토록 이렇게 가혹하단 말인가.
차디찬 북풍 몰아치는
심양 땅 이국 하늘 아래,

고운 옷자락 눈물로 적시며
세자 옆 그림자 되어
열한 해 긴긴 세월을
속절없이 살아내었네.

비단 이불 대신 거친 짚자리
돕는 이 없이 스스로 이불 빨아
세손의 몸을 감싸 안고
하루를 이삼 년처럼 견디어 왔건만

조국 땅 다시 밟을 적엔
임은 병색 깊어 누워 계시고

세손의 숨결조차
세찬 권력 바람에 꺼져 가네.

시아버지라 부르던 그분의 칼날 아래
남편도 아들도 떠나가고
어미의 집, 친정조차
핏빛으로 물들었으니

이 땅에서 나의 이름만큼
서러움이 또 있으리오
오직 충절뿐이라 남겨 두고
차디찬 철산리 흙 속에 묻히나이다.

바람이 불거든 전해 주소서
세자빈 강씨, 그 이름 하나
바람 따라 충을 품고
눈물 따라 흙이 되었다고,

휘릉(徽陵)을 다녀와서
- 장렬왕후 조씨(莊烈王后 趙氏, 1624~1688)를 생각하며

열네 살, 조창원의 딸로 태어나
궁궐 담장 안으로 스며든 이름,
장렬왕후.
조용하고 청빈했던 그 성품은
궁궐의 금빛에 닿자마자
숨을 죽이는 법부터 배워야 했다.

사랑을 품기엔
남편은 너무 늙었고,
그 곁엔 먼저 뿌리내린 여인의
권세가 하늘을 찔렀다.

중전이라 불렀지만
하루도 중전답게 산 적이 없었고,
아이 하나 품지 못한 빈궁의 밤은
오히려 당파의 명분으로만 남았다.

참최복, 기년복, 대공,
그녀를 두고 싸웠으나
그녀는 단 한 번도 싸움에 나서지 않게 되고
그저 조용히, 가만히,
침묵으로만 나라의 계절을 견디며
살아야 했다.

남인과 서인의 칼끝에
그녀의 이름이 실려 떠돌고
정적들은 그녀를 틈 삼아
권력을 쥐고, 내치고, 엎고, 세웠다.

그 누구도 묻지 않았다.
너는 누구냐고.
무엇을 원하느냐고.

그녀는 마치 그늘 같았다.

햇빛에 붙들린 줄 알았으나
결코 비추어지지 않았던 존재.

그리고 결국,
마흔넷 꽃잎이 되던 날
세상은 조용히 그녀를 놓아주었고
그녀는 바람이 되어 나무 아래
스며들었다.

사랑도, 권세도, 말 한마디의 힘도
없이
한 시대의 허리를 감은 그대,
장렬왕후(자의대비) 조씨여.

지금은 풀잎 위 이슬 되어
세상의 소리보다
하늘의 침묵을 벗 삼고 있겠지.

그 모든 쓸쓸함을
오로지 자연만이 알아듣는
그리운 그림자로 남아서.

대빈묘大嬪墓를 다녀와서
- 희빈 장옥정(玉山府大嬪 張氏, 1659~1701)을 생각하며

궁의 바람이 머문 자리,
여종의 딸로 태어나
꽃보다 고운 꾀로
임금의 마음을 얻었으나

은밀한 손길엔 당파의 그림자,
남인의 숨결로 입궁한 날,
사랑은 칼이 되고
총애는 독이 되어 피를 갈랐네.

중전의 보위에 앉은 그 순간,
어제의 올챙이는 거울 밖에 서고
세자에 오른 아들의 웃음 뒤엔
핏빛 눈물이 말라붙었다.

미소 뒤 미소, 계책 뒤 계책
서인도 미인을 세워

무수리의 떡 손길에
장씨의 운명을 눌렀으니,

입궁도, 출궁도
모두 정치의 도구였구나.
인현은 눈물로 떠났고
장희빈은 사약으로 닫혔다.

여인들의 이름이 아니라
당파가 부른 운명이었으니,
대빈묘 앞 이슬 맺힌 풀잎은
무너진 권세의 무덤을 적신다.

한 줌 흙으로 돌아간 꽃이여
그대의 눈은 무엇을 보았는가.
사랑이었는가, 욕망이었는가,
아니면 애초에 다 허상이었는가.

명릉明陵을 다녀와서
- 인현왕후 민씨(仁顯王后 閔氏, 1667~1701)를 생각하며

그녀는 두 번째였다.
사랑도, 자리도, 마음도.
인경왕후가 떠난 자리 위에
조용히 앉은 이름, 인현.

민유중의 딸.
서인의 피를 타고, 예법의 옷을 입고,
단정히 중궁전의 문턱을 넘었다.
조용히 웃고,
조용히 참는 것이
그녀가 할 수 있는 가장 큰 용기였다.

그러나 숙종의 마음은
이미 다른 곳에 있었다.
장옥정.
궁녀였던 여자.
한때 내쳐졌던 그 여자가

이제는 다시 돌아와
총애를 받고, 아들을 안고 있었다.

왕의 아들이 궁에 울음을 터뜨리던 날,
인현왕후는
눈물보다 먼저 미소를 지었다.
"내 아들은 아니지만,
나라의 아들이니까."
하지만 그 미소 뒤엔
자신도 모르게 움찔한 마음 하나가
숨어 있었다.

그리고 그 마음이
죄가 되었다.
왕은 그녀를 폐하였다.
질투가 있었다는 이유로.
무거운 족두리를 벗겨내고

차디찬 사가의 문턱으로
그녀는 홀로 걸어 나갔다.

그 사이,
장씨는 중궁전에 앉았다.
그녀의 자리에.
궁녀에서 왕비로,
한순간에 역사가 된 여자.

그러나 권력은 분수를 묻는다.
장씨는 점점 더 높이 올랐고
결국 너무 높아,
소인배를 닮은 교만으로
숙종의 미움을 샀다.
그리하여 다시,
한 여자가 내쳐지고
사약을 마셨다.

그제야 인현은 돌아왔다.
하지만 그때는
몸도 마음도 이미 지쳐 있었고
봄날의 꽃처럼,
곧 꺾이고 말았다.

단정한 몸매와
고운 성품,
빛나는 얼굴로
궁중의 예를 지켰던 여인.
그러나 후사는 없었고
유산도 없었고
오직,
세월이 잊지 못하는 이름만 남았다.

인현,
맑을 '현'

그 이름처럼
사랑조차 참아야 했던
맑고 외로운 왕비.

소령원昭寧園을 다녀와서
– 숙빈 최씨(淑嬪 崔氏, 1670~1718)를 생각하며

동짓달 찬바람 문풍지 울 제
서릿발 서린 궁궐 안에
고요한 달빛은 삼경을 지나는데
임도 홀로 뜰을 거니시네

그 시각에도 꺼지지 않은
불빛 하나 창문 아래
하얀 떡 찧는 두 손끝에
눈물 젖은 숨결 어려 있네

"이 떡은, 나으리,
쫓겨나신 중전마마의 생신이라…
궁 밖에서도 잊지 않으려
마음으로 모십니다."

수줍은 고개 조아릴 제
임금이시어 가만히 말씀하시네

"그대 마음이 정녕 곱고 깊구나
진실한 충忠은 자리에 있지 않도다."

그날 밤 은은한 달빛 아래
낮고 작은 무수리의 방에
임금은 그녀를 품었고
그녀는 사랑을 안았다.

한 줌의 눈물로 찧은 떡이
조선의 미래를 품게 되고
그 여인이 낳은 아이
훗날 백성을 밝히는 임금이 되었도다.

홍릉弘陵을 다녀와서
- 정성왕후 서씨(貞聖王后 徐氏, 1692~1757)를 생각하며

그녀는 스무 살이었다.
처음으로 걸음을 들인 궁궐은
너무 넓었고,
너무 조용했다.

첫날밤, 임금은 손을 잡았다.
섬섬옥수라며, 곱다고.
그녀는 조용히 웃으며 화답했다.
"부모님께서 곱게 길러 주셨습니다."
그 말은, 칭찬이었고
감사였고, 겸손이었다.

하지만
그 말은 칼이 되었고,
임금의 가슴속 어두운 기억을
건드렸다.
무수리의 아들로 살아온 남자,

지워지지 않는 출신의 그림자.
그는 그날 밤 문을 닫고 나갔고
그 문은 끝내 다시 열리지 않았다.
왕후의 옥좌에 앉았지만,
마음은 늘 혼자 앉아 있었다.

후궁의 질투도 없었고,
자식의 웃음도 없었다.
그녀 곁엔 오직 예법과 고독,
그리고 떠나 버린 손길의 기억뿐.

그래도
그녀는 원망하지 않았다.
울지도 않았다.
품위라는 말이 사람이라면
그 이름이 곧 그녀였다.

죽어서도
임금 곁을 그리워했다.
능침 옆에 자리를 남겼다.
한 번도 부르지 않았던 그 이름을
그래도 마지막까지 바라보며,
묵묵히 누워 있었다.

그러나
그 자리는 지금도 비어 있다.
텅 빈 자리, 바람만 머물다 간다.
그녀의 사랑도,
그녀의 기다림도,
함께.

예순 살, 정성왕후 서씨,
그 수많은 세월, 우리는 안다.
후사도 없이 홀로 떠난

그녀는
끝내 사랑받지 못한 여인이었다는
것을.

융릉隆陵을 다녀와서
– 혜경궁 홍씨(獻敬王后 洪氏, 1735~1815)를 생각하며

열 살 꽃봉오리, 간택의 문을 지나
궁궐의 바람 속에 묻은 홍씨의 이름.
아비의 뜻, 가문의 대의, 당색의 무게가
그녀의 작은 어깨를 눌렀다.

정치는 숨결이었고,
사랑은 허락되지 않은 연기.
남편의 광기는 외면되고
가문의 안위가 궁궐의 법이 되었다.

뒤주는 식은 피의 증언,
한 남자의 비명은 사라졌고
그대는 붓을 들어
진실을 감췄다. 가문을 위해.

한중록, 그것은 고해와도 같고
면죄부이기도 했다.

그러나 아들은 알았으니
그 침묵 속에 무엇이 숨겨졌는지를.

정조의 지혜는 가문보다 나라를
선택했고
외척의 그림자는 멀어졌지만
어머니는 여전히
꺾인 눈물 속에 살아남았다.

이제 묻는다.
가문의 영광은 무엇으로 남았는가?
사랑을 외면한 대가는 무엇이었는가?
무너진 권세 위에서 누가 웃는가?

원릉元陵을 다녀와서
- 정순왕후 김씨(貞純王后 金氏, 1745~1805)를 생각하며

열다섯 고운 나이,
66세의 임금 곁에 가고자
간택령 시험에서 그녀는
아버지 함자가 씌여진 '방석'을 물리치고,
'마음'이 세상에서 가장 깊다고 말했다.

마지막 아름다운 꽃은 '목화'라 대답하여
박수를 받으며 중전이 되었다.
겉은 목화처럼 포근했으나 속은
궁궐이라는 깊이를 꿰뚫어 보았고
그 나이는 어둠을 감당할 준비를 마친 듯했다.

간택은 시작이었고
궁궐은 그녀에게 검보다 날 선 말을
가르쳤다.
사도세자의 비명을 들었을 때,
그녀는 눈 하나 깜박이지 않았다.

당파의 무게는 왕위보다 더 중요했으니
남인 정권의 등극을 막아섰고
세손 이산이 올라설 때마다
그녀는 그림자처럼 뒤따라
눈치 채지 못할 만큼 조용히,
그러나 끊임없이 칼을 들었다.

그리고,
세상이 잠든 틈을 타
그녀는 믿음을 불태웠다.
남인도, 천주도, 모두다
단지 한낱 정적일 뿐이었다.

후사 없이 꽃은 시들었다.
하지만 이름은 남는다.
그녀의 이름 앞엔
왕후라는 존귀보다

야망이라는 무서운 그림자만 길게
드리운다.

서삼릉 의빈묘宜嬪墓를 다녀와서
- 의빈 성씨(宜嬪 成氏 成德任, 1753~1786)를 생각하며

정조가 그토록 그리던
궁궐 담장 너머,
조심스레 피어오르던 사랑이 있었다.
임금의 눈길 속에서 피어나고
궁녀의 예법 속에서 움츠러진 이름,
성덕임.
고운 심성으로 하루하루를 감췄지만
사랑은 그 어느 때보다 뜨겁고
정조의 마음은 누구보다 간절하였다.

"저는 궁인이옵니다."
그녀는 마음보다 도리를 먼저 내세웠고
임금은 그 정결한 고백에 더욱
사무쳤다.
몇 번을 거듭한 진심,
끝내 그녀는 마음을 허락했고
그들의 사랑은

왕의 정을 품은 은밀한 봄이 되었다.

그리고, 문효세자(1782~1786).
어린 세자의 웃음소리에
궁궐은 다시 환해졌고
정조의 어깨도 그제야 따뜻했다.

그러나, 그 봄은 오래 가지 못했으니
다섯 살 꽃봉오리가 지고
남은 건 찢긴 심장과
지워지지 않는
가슴에 묻은 무덤 하나.

아들을 보내고
몸도 마음도 사그라들던 그녀,
그 슬픔을 이기지 못하고
결국, 서른 해 겨우 넘긴 젊음으로

아들을 따라 하늘로 갔다.
그녀의 뱃속에는 또 다른 생명이 있었다.

"임금이시여, 이제 그만 슬픔을
거두소서."
궁궐의 모든 이는 물론
백성들조차 눈물을 거두지 못한 죽음
그녀는 세상에 드러내지 못한 꽃이었고
정조는 한 시대에 덧없이 진 봄이었다.

하늘도 무심하여
왕실의 계승도, 사랑의 결실도
허락하지 않았지만
성덕임, 당신은 그 고운 마음 하나로
한 나라의 눈물이 되었고,
그리움이 되었다.

오늘도 창경궁 바람에
하얗게 피는 목련이 있다면,
그건 당신의 사랑이 다시 피어나는
것이다.
꽃으로 피어, 눈물로 진 당신,
우리 가슴에 오늘도 살아 계시다.

인릉(仁陵)을 다녀와서
- 순원왕후 김씨(純元王后 金氏, 1789~1857)를 생각하며

안동 김씨 김조순의 딸로
소녀는 말이 없이 고왔으나
아비는 조용한 방안에서
칼을 갈고 있었다.

시파의 피가 흐르던 아비는
정조 임금의 눈에 들었고,
그의 딸을 간택하게 한다.
3 간택을 기다리던 그해
임금은 눈을 감았다.

옥새를 손에 쥔 정순왕후 김씨,
벽파는 경주 김씨를 밀었다.
궁궐엔 팽팽한 긴장이 흘렀다.

하지만 권세는 기회를 놓치지 않았다.
김조순은 막아섰고,

그 딸은 끝내 왕후가 되었다.
순원왕후,
순하되,
순하지 않은 이름이 궁궐을 감쌌다.

그는 단지 왕의 아내가 아니었다.
왕의 어미였고,
왕의 할미였고,
새 왕을 고른 손이었으며
천주교의 피를 가른 칼이 되었다.

기해己亥의 해에
십자가를 품은 자들은
감옥으로, 죽음으로 내몰렸고
그 피는 조용히 땅속으로 스며들었지만
누군가는 조용히 실권을 잡고 있었다.

피를 묻히는 동안에
아들은 일찍 갔다.
그 아들의 아들도
겨우 스물두 해를 살았다.
그 뒤를 이은 이는
친척도 아닌 강화도령 원범을
불렀다.

낙선재엔 오래된 한숨이 들었고
그녀는 오랜 세월 속에서
아들, 며느리, 손자의 죽음을
지켜보았다.

여왕은 오래 살았으나
가족은 오래 머무르지 못했다.
왕위를 잇게 했으나
핏줄은 멀어졌고,

나라를 세웠으나
사랑은 가닿지 않았다.

그리고 칠십의 해,
조용히 눈을 감고
지금은 인릉의 흙 아래
순조 곁에 누워,
긴 생을 내려놓은 그 여인.
순원왕후 김씨.

홍릉(洪陵)을 다녀와서
– 명성왕후 민씨(明成王后 閔氏, 1851~1895)를 생각하며

한 소녀가 있었다.
부모를 잃고 외로운 가문에서 자라
힘없는 임금 곁으로 들어와 왕비가 된
아이.

그녀는 꽃 같은 생명을 품었으나
하나 둘 잃고,
마침내 단 한 아이만
남겼다.
그 슬픔은 사적인 눈물이 아니라
한 나라의 고독이었으리라.

왕후는 나라를 지키고자
대원군과 맞섰고, 청국의 문을 두드리고
러시아의 손길을 붙들었다.
그러나 그것은 살기 위한 몸부림이었고,
조선은 이미 열강의 파도 위에 떠 있는

작은 배였다.

1895년 을미년 새벽,
일본 낭인들의 칼날이 궁궐을 찢고
그녀를 불 속에 흩날려 보냈다.
그 비명은 곧 나라의 신음이었고,
그 재는 곧 민족의 수치가 되었다.

오늘, 우리는 그 이름을 부르며 묻는다.
어찌하여 한 나라가 그토록 허망하게
짓밟혔는가.
어찌하여 한 왕후가 피와 불 속에서
그리도 쓸쓸히 사라져야 했는가.

잊지 말아야 한다.
한 많은 여인의 죽음 속에
나라 잃은 역사의 비극이 숨어 있음을.

그 치욕의 역사는 우리의 가슴에 남아
다시는 같은 길을 허락하지 않는
슬픈 경계가 되어야 한다.

2부

시대를 앞서간 여인들

가부장적 억압과 사회의 장벽을 넘어, 새 길을 열고 시대를 비춘 여인들

강릉 오죽헌烏竹軒을 다녀와서
– 현모양처 신사임당(申師任堂, 1501~1551)을 생각하며

아들 선호의 세상,
무남독녀로 태어난 딸 하나를
아들처럼 품은 아버지가 있었습니다.

신명화, 그분은 시대를 거슬러
글을 가르치고 그림을 일깨우게 했습니다.
딸의 손에 붓을 쥐어 주며
마음의 물결을 그리게 하였지요.

그 딸, 사임당.
주나라 태임을 본받고자
스스로에게 품격을 더해 '사임'이라
불렀습니다.

세상은 연산의 그늘에서
중종의 세월로 옮겨갔고,
권력의 칼날 문정왕후의 이름 앞에

백성의 숨결은 얇아졌습니다.

그 속에서
강릉의 푸른 산허리에 자리 잡고
남편을 과거 길로 떠나보낸 채
홀로 아이를 기르고,
붓 끝으로 초충을 살리고
마음 끝으로는 시를 짓습니다.

바람에 흔들리는 대나무,
검푸른 오죽헌의 한 켠에서
몽룡실이 속삭입니다.
"이 아이는 큰 인물이 될 것입니다."
율곡, 그 아이는 그렇게 태어났습니다.

그러나 그 아이보다 먼저
세상을 품은 이는 바로 어머니.

사임당이었습니다.

초서병풍에 담긴 고요한 울림,
노안도의 선한 시선,
산수화의 어른 품처럼
그녀는 조선을 품었고,
가정을 지켰고,
자신을 잃지 않았습니다.

예술가이자 어머니,
학인이자 아내,
그 모든 이름이 하나로 엮여
지금, 가장 귀한 돈의 얼굴이
되었습니다.

오늘 우리는
그녀의

오죽했던 그 마음을
오죽헌에서
다시 되새깁니다.

경기도 포천시 설운동 산 1-14를 다녀와서
- 장애를 딛고 조선 최고의 가문을 만든 고성 이씨(固城 李氏, 1539~1615)를 생각하며

안동의 들녘에 봄빛이 스미던 날,
무남독녀로 태어난 고성 이씨는
부모의 곁에서 잠시 꽃처럼 살았다.
그러나 세월은 그녀의 손을 일찍 놓아
친정의 울타리도, 시댁의 보살핌도
아무것도 남기지 않았다.

스물셋, 남편 서해가 요절하였다.
퇴계가 인정할 만큼 총명하고
앞날을 기약하던 선비였으나
갓 돌 지난 아들과 눈물 흘리는 아내를
남기고
먼 길 떠나 버렸다.

그 순간, 세상은 그녀를
사고무친의 고아와도 같은 자리에
내던졌다.

게다가 시력은 어두웠다.
앞을 제대로 보지 못하는 눈,
삶을 가로막는 장막은 두터웠다.
그러나 그녀의 가슴은 누구보다 밝았다.
흐린 눈을 대신한 것은
결코 꺼지지 않는 의지였다.

서울 약현, 오늘날 중림동.
낯선 거리에서 그녀는
작은 아들을 품에 안고 새로운 길을
시작했다.
명주名酒가 된 약산춘藥山春을 빚어
겨우겨우 이어가던 그 손끝이
마침내 큰돈을 벌어 기와집을 올리게 했다.
한 채의 기와집이었으나
그 지붕마다 그녀는 기원을 새겼다.
"나의 아들, 나의 후손들이

반드시 번창하리라."

그녀의 삶은 검소했으나 품격이 있었고,
그녀의 행실은 공손했으나 결코 굽히지
않았다.
자신은 불편과 고난을 짊어졌지만
아들에게는 오직 바른 길만을
보여주었다.

자식 교육의 근본은 부의 다함이 아니라
어머니의 올곧은 마음임을 증명해 보였다.

그리하여 자란 아들, 약봉 서성(1558~1631).
그의 학문과 인품은 곧 가문의 기틀이 되었고,
그 후손들은 조선을 빛냈다.
직계손 문과 급제자만 123명,
영조의 비 정성왕후 서씨,

농정과 학문을 집대성한 서명응,
《임원경제지》로 법고창신의 길을 연 서유구,
모두가 그녀의 눈물에서 비롯된
꽃이었다.

역사는 승자의 기록이라 하지만
사실은 보이지 않는 이름들이
그 뿌리를 지탱한다.
고성 이씨, 그 이름은
빛나는 관직의 비단 위가 아니라
어둡고 좁은 골목에서,
불편한 몸과 가난한 손끝에서,
그러나 꺾이지 않는 정신으로 세워졌다.

장애를 짊어지고도 굴하지 않은 여인,
고난을 짓밟고 오히려 더 큰 길을 낸 어머니.
그녀는 단지 아들을 키운 것이 아니라

조선 최고의 가문을 일으킨 중흥조모가 되었다.

오늘 우리가 그녀를 기억하는 까닭은
단순히 가문의 영광 때문이 아니다.
한 인간의 집요한 의지와 자식과 후손을 향한 사랑이
어떻게 역사를 바꿀 수 있는지를
우리에게 증언하기 때문이다.

고성 이씨,
그대의 삶은 한 편의 시요,
역경 속에서도 꺼지지 않는 등불이다.
당신이 남긴 발자취는 말한다.
인간의 진정한 위대함은 권세나 부귀가 아니라,
고난을 딛고 남을 위해 길을 여는
그 마음에 있음을.

경기도 하남시 광주읍 초월면 지월리를 다녀와서
- 시인 허난설헌(許蘭雪軒, 1563~1589)을 생각하며

꽃잎보다 먼저 스러진 이름,
허난설헌, 허초희.

조선 선비의 집안에서 태어나
시를 품은 아이가 되었다.
초당 허엽許曄의 딸이자
허봉의 아우, 허균의 누이.
그 집안의 글 가풍 속에서
어린 그녀는 책장을 들추며
별처럼 마음을 펼쳤다.

손곡 이달李達에게 시를 배운 시간,
그것이 그녀의 봄이었다.
그러나 봄은 오래 머물지 않았다.

열네 살,
그녀는 김성립의 아내가 되었다.

한 문장도 제대로 공부하지 않은 남편은
과거 시험을 핑계 삼아
기방의 불빛 속 나방이 되었다.
난설헌은 홀로 방 안의 등불을 지키며
시를 썼다.
시가 그녀의 남편이자, 자식이자,
유일한 언어가 되었다.

일찍 잃은 자식, 떠난 오빠,
무너진 집안,
여성으로 태어났다는 이유만으로
세상의 죄를 뒤집어쓴 그녀는
이따금 목 놓아 울었다.

"하필 여자로 태어났는가."
"하필 김성립의 아내가 되었는가."
"하필, 조선이라는 나라에서 태어났는가."

칠거지악七去之惡, 삼종지도三從之道,
말로는 덕德을 말하나
속으로는 목을 조이던 시대.
허난설헌은 그 시대를 시로 베었다.

그러나 세상은 그녀의 울음을 듣지
못했다.
그녀가 떠나고서야
허균의 손에 이끌려
그녀의 시가 바다를 건넜다.
중국이 먼저, 일본이 먼저
난설헌을 읽었다.
조선은 여전히 늦었다.

스물일곱,
그녀는 조선 땅에서 한限을 가슴에 품고

사라졌지만
그녀의 시는 사라지지 않았다.

이름 없는 꽃들이
그녀의 시를 따라 피었고
억눌린 여성의 입술 위에
난설헌은 아직도 말하고 있다.
그 모든 '하필'을 딛고서.

진주 남강 촉석루矗石樓를 다녀와서
- 의녀 논개(論介, ?~1593)와 계월향(桂月香, ?~1592)을 생각하며

남강은 잊지 않고 있었다.
붉은 저고리의 그녀를
촉석루 위암에 우뚝 서서
개야무라 로쿠스케를 안고
강물로 뛰어든 이름을
논개라 불렀다.

그리고 대동강도 잊지 않고 있었다.
그 밤, 평양의 바람이 멎고
물결 위에 달이 비칠 때
고니시 유키나가의 술잔 속에
조용히 독을 풀던 여인을
계월향이라 불렀다.

두 여인
하나는 남쪽의 불꽃
하나는 북쪽의 등불

나라를 가른 것은 강물이 아니었고
분단의 선은 서로의 왕래를 막았으니
그들의 이름은 서로가 닿지 못했다.

논개는 남편 최경희의 원한을 품고
적장의 허리를 끌어안고 죽었고
계월향은 사랑을 버리고
죽음의 잔을 내밀었다.

사랑도, 삶도, 자유도
그들에게 허락된 것은 없었다.
오직 나라, 오직 분노, 오직 의기

누군가는 꽃이라 불렀고
누군가는 기생이라 낮추었지만
그들은 알고 있었다.
이 죽음이 조국을 밝힌 등불임을

오늘 우리는
논개만 기억하고
계월향은 잊었으며
북쪽은 계월향을 기리고
논개는 없었다.

살아서 시름이었고
죽어 영웅이 되었으니
논개, 그대의 거룩한 분노와
계월향, 그대의 불붙는 정열은
조국이 나뉘지 않았다면
두 이름은 나란히 불렸을 터.

지금 두 강물은 어디로 흐르는가.
남강에서 대동강까지
종교보다 깊고
사랑보다 강한

대동강의 의기와,

강낭콩 꽃보다도 더 푸르고
양귀비 꽃보다도 더 붉은
남강의 의암에서,

그들의 이름을 다시 부르며
그들의 이름에 절을 올린다.

강원도 원주시 호저면 무장리 산 143-2를 다녀와서
- 성리학자 임윤지당(任允摯堂, 1721~1793)을 생각하며

가정 일을 운명처럼 부여잡고
단아한 붓끝 아래 침묵하던 조선의
여인들,
그 틈에서 임윤지당, 당신은 문을
열었습니다.
금기였던 글을 썼고, 허락되지 않은
사유를 품었습니다.

열아홉, 원주 신씨 신광유에게 시집가
사랑도 모른 채, 시집살이를 했고,
결혼 8년, 남편은 허무히 떠나고
아이까지 가슴에 묻고는
당신은 홀연 단신 청상과부가
되었습니다.

그러나 슬픔이 덮쳐도
그림자 아래 불꽃은 지지 않았습니다.

낮에는 찬물에 손 담그고 살림을
도맡고
밤이면 등잔 아래 사서삼경四書三經을
읽었습니다.

누군가 여인은 하늘을 보지
말라 했지만
당신은 우주의 이치를 베개 삼아
사람의 본성과 천리를 탐문했습니다.
인간은 본래 선하다고, 누구나 성인이 될 수
있다 했고
그 믿음을 벗 삼아 밤을 지새웠습니다.

동물과 인간의 성性은 같다는
인물성동이人物性同異 논쟁, 당시의 이론 속에서
여성의 언어로 꿰뚫은 진리였습니다.

이기심성설理氣心性說, 하늘이 준 순수한 성품을
감히 당신은 여성의 입술로
선포했습니다.

침묵이 미덕이던 시대에
당신의 글은 소리 없는 함성이었고
당신의 사유는 결박을 끊는
칼날이었습니다.

한평생, 양자 며느리와 손주를 돌보며
자신의 슬픔을 내색 않는 어른으로,
학문의 그림자로,
당신은 그렇게 73년을 살았습니다.
그러나 누구보다 자유로웠습니다.

"군자의 덕은 어둠 속에서도 날마다
드러난다."

중용의 가르침처럼,
임윤지당, 당신의 이름은
조선의 어둠을 가르고 오늘에
이르렀습니다.

당신은 부서지지 않은 바람이었고,
침묵 속에서 더욱 빛나는 학문이었고,
억압된 세계에서 홀로 선,
참된 자유의 증인이었습니다.

제주시 건립동 사라봉 모충사慕忠祠를 다녀와서
- 만석꾼 김만덕(金萬德, 1739~1812)을 생각하며

제주의 푸른 바다와 억센 바람은,
고아 된 어린 소녀 만덕을 꿋꿋이 세우고,
먼 친척의 마루 밑 그림자에서
굶주림과 외로움을 배우게 한다.

기생의 이름으로 불려야 했던 어느
봄날,
춤과 노래는 꽃이 아니라 사슬이었고,
양인의 피는 눈물로 바래져 갔다.
그러나 만덕은 굴복하지 않았다.
관아의 문턱을 닳도록 오르내리며
자신의 이름을 다시 찾아냈다.

상인의 길,
해녀들의 숨비소리보다 깊은 숨으로,
제주 특산물을 뭍에 싣고
육지의 곡식을 섬에 실었다.

검소는 그녀의 법도,
절약은 그녀의 무기였다.

흉년이 들자 들판에 쓰러진 이는
굶주린 백성이었고,
만덕은 사치 없는 손으로
450석의 곡식을 내놓았다.
임금의 쌀보다 더 많았고,
백성의 생명보다 귀한 것은 없었다.

궁궐로 불려간 그녀는
권세도, 벼슬도 사양하고
금강산의 일만 이천 봉우리를
눈으로 품고 돌아왔다.
자랑이 아니라 기쁨이었다.

그녀는 다시 일했고,

더 많은 것을 제주에 돌려주었다.
죽음조차 검소하게 맞이한 그날,
백성은 울었고,
바람은 송덕비를 세웠다.

지금도 제주의 길목마다
만덕의 숨결은 오늘도,
바람이 되어 불어온다.
이름 없이, 욕심 없이,
그러나 영원히
빛나며 산다.

절두산 순교 박물관을 다녀와서
- 순교자 강완숙(姜完淑, 1760~1801)을 생각하며

충남 내포 양반가의 고요한 집안에서
당신은 순응의 삶을 배웠고,
그 순응 속에서 진리를 발견했습니다.

덕산 홍씨 집안의 후처로 시집와
침묵과 인내로 길들어지던 어느 날,
바오로라 불리던 이의 말속에서
당신은 진리를 들었습니다.

하늘이 하나뿐이라면,
사람 또한 모두 그 품 안에 있다는
그 믿음은 가슴 깊이 스며들었고
천주를 향한 당신의 길은 이제
시작되었습니다.

신주를 불사른 진산의 불길 속,
당신은 감옥에 갇힌 이들을 위해

음식을 날랐고, 기도를 날랐습니다.
형벌은 면했으나, 그날부터
당신은 세상의 이단자가 되었고,
진실의 순례자가 되었습니다.

서울로 이주해
시어머니와 전처 자식과 함께
빛을 향해 나아갔습니다.
그곳에서 만난 주문모 신부,
광 속 어둠에 숨겨야 했던 진리,
그러나 당신의 마음은
그 누구보다 밝고 드넓었습니다.

양반가 부인의 신분을 버리고
여전도회의 회장을 맡고
낯선 외국인을 숨기고
밤마다 기도하며, 사람마다 진리를

전했습니다.

그 사랑은 두려움을 이기고
그 믿음은 시대를 넘었습니다.
그러나 정조 임금이 숨을 거두자
사랑의 시대는 닫히고
핏빛 박해가 몰려왔습니다.

당신은 아들과 함께 붙잡혀
고문 속에서도 진실을 꺾지 않았고
새남터에서 주문모 신부의 순교 소식을
들으며
자신도 죽음을 맞았습니다.

그러나 그것은 끝이 아니었습니다.
사람을 가르던 칼도
신앙을 찌르진 못했고,

그대의 사랑은 죽음을 넘어
오늘에도 살아납니다.

아집과 증오의 시대,
그 모든 어둠을 끌어안고
당신은 사라졌지만
당신의 이름은
새벽 기도처럼 다시 피어납니다.

강완숙, 당신은
불꽃같은 진리의 여인,
죽음을 넘어
믿음을 증언한 이름입니다.

경기도 성남시 수정구 금토동을 다녀와서
- 성리학자 강정일당(姜靜一堂, 1772~1832)을 생각하며

1772년, 충청도 제천의 작은 마을.
한 소녀가 태어나, 곧 학문을 향한 불씨를
품었다.
그녀의 이름, 강정일당.

윤광년과 인연을 맺어
부부는 책을 사이에 두고 함께 공부하고
토론했다.

금슬은 고요한 달빛 같았으나,
그 품에 안은 아이들은 하나같이 짧은
생을 마쳤다.
그 슬픔은 말로 다 할 수 없었다.

삶은 가난했고,
죽을 끓여 먹으며 연명해야 할 날도
많았다.

그러나 그녀는 눈물과 허기를 삼키고,
남편의 학문을 도우며
스스로도 성리학의 깊은 바다를
항해했다.

세상은 여인에게 글을 허락하지
않았지만,
그녀의 의지는 바위 같았다.
억압과 고난을 넘어
그녀의 사유는 남성 못지않은
성리학자의 높이에 이르렀다.

강정일당,
그 이름은 오늘도 우리에게 말한다.

"배움에는 남녀의 구분이 없고,
도는 오직 뜻을 세운 자의 것이다."

"굶주림도, 세상의 벽도,
참된 배움을 막을 수 없다."는 것을.

고창 동리 신재효申在孝 고택을 다녀와서
- 여성 명창 진채선(陳彩仙, 1847~ ?)을 생각하며

고창, 심원면 월산리 검당포.
당골네의 딸로 태어났습니다.
천한 피, 그러나 고운 목청.
재능은 하늘이 내렸고,
얼굴은 봄날을 닮았지요.

이름은 진채선陳彩仙,
열일곱 꽃나이에
스승을 우여곡절로 만납니다.
신재효申在孝.
소리의 틀을 세우던 조선의 으뜸 명창.

그의 눈에,
채선은 단지 제자가 아니었을지도
모릅니다.
춘향가의 애틋한 곡절과

심청가의 고운 울음소리를
그녀는 태어날 때부터 알고 있던
듯했습니다.

그리고 스무 살,
경복궁 중건의 연회에서
하늘같은 흥선대원군 앞에서
그녀는 춤을 추고, 소리를 울렸습니다.

그 소리는 눈을 멈추게 했고
그 미모는 대원군의 심장을
건드렸습니다.
"곁에 두겠다."
권력은 통보였고,
스승은 울음을 삼킨 채 제자를 두고
돌아섰습니다.

채선은 그렇게 운현궁의 그늘에
남겨졌고
신재효는 고창으로 돌아가
비로소 이름을 부릅니다.
채선.
그의 가슴속엔
소리가 아니라 사랑이 일고
있었습니다.

그리움이 깊어지자
그는 〈도리화가〉를 지어 불렀습니다.
무엇으로도 채울 수 없는
가슴의 빈자리였습니다.

1873년,
권력이 물러나고
채선은 비로소 운현궁을 나섰습니다.

스승이 계신 고창으로,
눈 내리는 겨울이었습니다.

그러나,
그는 이미 세상을 떠나 있었고
그녀의 얼굴엔 눈보라만이 가득합니다.

채선은 울지 않았습니다.
소리고, 춤도 없이
그냥 떠났습니다.

그 후 그녀의 이야기는
눈밭 속으로 흩어졌고
어디선가 김제의 어느 절에서
눈 감았다는 말만 전해졌습니다.

무녀의 딸, 천민의 몸으로

조선 최초의 여류 명창이 된
그녀의 이름은 이제
눈 속의 도리화처럼
조용히, 그러나 길이 남습니다.

경북 영양군 석보면 남자현 지사 역사공원을 다녀와서
- 여자 안중근 남자현(南慈賢, 1872~1933)을 생각하며

1872년 경상북도 안동군 일직면 일직동
농가에서 태어난 여자아이,
그 이름은 남자현.
집안은 넉넉지 않았으되
어릴 적부터 곧고 맑은 눈빛 속에
나라를 향한 기개가 자라나고 있었다.

석보면 지경동으로 시집갔으나
일찍 남편을 잃고 홀로 서야 했던
젊은 아내,
삶은 무겁고 앞길은 험했으나
그는 슬픔을 눈물로만 씻지 않았다.

"나라 없는 설움이 과부의 설움보다 크다."
그 믿음을 안고 만주로 향한 발걸음,
그 길은 곧 독립의 투쟁이었다.

머리에 흰 수건을 두르고
가슴에는 총탄보다 뜨거운 결의를 품고
그는 남장을 하여 군자금 모금에 나섰다.
때로는 가난한 이웃의 밥을 빼앗아 쓰듯,
때로는 자기 옷을 팔아 무기를 마련하듯,
모든 것을 조국의 이름으로 바쳤다.

장부 못지않은 담력으로
일본 관헌의 눈을 피해
비밀문서를 전하고,
독립군의 병참을 책임졌다.

심지어 장개석 총통에게 혈서를 보내어
"조국을 구원해 달라" 호소하던 그
손끝에는
한 여인의 운명을 넘어선,
한 민족의 절규가 서려 있었다.

피폐한 몸, 가난한 살림,
잇달아 찾아온 동지들의 죽음.
그러나 그는 쓰러지지 않았다.
남자현이란 이름은
죽을 끓여 먹으며 버티던 강정일당처럼,
굴하지 않는 여인의 상징이 되었다.

1928년, 하얼빈에서 일본 총영사를
처단하려다
끝내 실패로 돌아갔으나,
그의 붉은 피는 겨레의 심장에
스며들었다.

1933년, 체포되어 감옥에 갇히고,
잔혹한 고문 끝에
생을 마감했으되
그의 숨결은 아직 만주의 바람 속에,

석보면 들판의 햇살 속에,
살아 흐른다.

나라를 위해
삶과 죽음을 초월했던 여인,
남자현.
그 이름은 오늘도
조국의 가슴에 빛나는 불꽃으로
남아 있다.

간송미술관을 다녀와서
- 전형필의 아내 조예선(趙禮善, ?)을 생각하며

조용히 흘러간 이름,
그러나 그 깊은 자리엔
조국을 향한 진심이 빛나고 있었다.

조예선,
한 시대의 그림자 속에
조용히, 그러나 분명히 빛나는 이름.

전형필의 아내이자
간송이란 이름이 세운 문화의 성을
뒤에서 굳건히 떠받친 기둥.
남편을 돕기 위해
자신을 앞세우지 않고,
등불이 되어 그 길을 비추던 사람.

나라 잃은 혼란 속,
민족의 보물이 외세의 손에 넘겨질 때,

그녀는 식민의 그늘 아래서도
떨리는 마음을 감추고
남편의 결심에 힘을 실었다.

전형필,
그가 보전한 문화재들 뒤에는
언제나 조예선이 있었다.
"당신은 사이오,
나는 아낄게요."

그 말 한마디로,
한 가정의 살림은 검소해졌고
한 민족의 보물은 되살아났다.

어지러운 세상,
조선의 얼을 지킨 이는
칼 든 이들만이 아니었다.

조선의 숨결을 택한 여인.

여성의 이름이 드러나지 않던
그 시절에,
그녀는 이름보다 더 큰 뜻으로
남았다.

채색 바랜 불화 한 점,
산산이 흩어질 뻔한 《훈민정음 해례본》
한 권,
고려청자의 곡선 하나하나에
그녀의 침묵이, 눈물이, 기도가
배어 있었다.

살았으되 남기지 않았고,
도왔으되 드러나지 않았다.
그러나 민족혼의 심장 한 켠에

그녀의 자취는 은은하게 남는다.

조예선,
그 이름은 소리 높여 외쳐지지 않지만
세월 깊은 문화재의 숨결 속에
그녀의 숨은 헌신은
역사의 뒤편에서
한 민족의 앞날을 지켰습니다.

국립 서울 현충원 애국지사 묘역을 다녀와서
– 애국지사 김마리아(金瑪利亞, 1892~1960)를 생각하며

압록강 바람이 서늘히 불던 어느 날,
평양의 한 교회 골목 안채에서
딸 하나가 태어났다.
그 이름, 마리아.
믿음의 선물 같은 이름이었다.

그녀의 아버지 김진기는
의주 지방의 오랜 유학 집안
출신이었다.
조선의 전통을 지키며
기독의 진리를 품은 사람이었다.
무너지는 나라의 경계선에서
말없이 벽돌을 쌓던 사람.

마리아는 그런 아버지의 무릎 위에서
성경을 읽으며 자랐고,
어머니의 헌신 속에서

기도하는 법을 배웠다.

하지만 나라가 흔들렸다.
1895, 명성왕후의 피살.
1905, 을사늑약.
그리고 1910,
나라가 사라졌다.

기독의 딸, 조선의 딸로 자란
그녀는
이 침묵을 죄로 여겼다.
그녀가 조용히 유학을 떠난 길,
그것은 배움의 길이 아니라
구원의 시작이었다.

일본, 그 눈앞에서 조국이
짓밟히던 날,

그녀는 꺾이지 않은 눈빛으로
여학생들의 손을 맞잡고
'우리도 싸우자'고 외쳤다.
그때의 외침은
1919년의 3.1만세로
서울 정동에서 터져 나왔다.

여성은 침묵하라던 시대,
그녀는 조용히 감옥의 철창을 열었다.
고문과 혹독한 조롱 속에서도
자신을 버린 적이 없었다.
오직 나라만을 품었다.

광복이 오던 날,
그녀는 이미 병든 육신을 의자에 기대고
하늘을 바라보았다.
하지만 그 눈동자엔

작은 승리도 허락하지 않았다.
나라를 되찾았지만,
민족은 또 다른 길로
갈라지고 있었다.

아버지가 지키려던 조선,
딸이 목숨 걸고 지킨 조선.
그 이름 앞에 오늘, 우리가
감히 고개를 든다.

수원시 나혜석 거리를 다녀와서
- 신여성 나혜석(羅蕙錫, 1896~1948)을 생각하며

그녀는 구한말 수원,
'큰 대문 참판 댁' 5남매 중
부유한 집안의 넷째 딸로 태어났다.
책이 넘쳐났고, 붓이 그녀를 부르던
시절,
그녀는 남자들 틈에서
가장 빛나는 여학생으로,
고등여학교를 최우등으로 졸업했다.

"왜 여자는 그저 어머니여야만 하나요?"
그 물음 하나로
그녀는 유학길에 올랐다.
동경, 서양화과, 화실 가득
그녀는 여자의 심장을 그렸다.

최승구,
오빠의 친구이자

그녀의 첫사랑.
그러나 그에게는
이미 아내가 있었고
삶은 그에게
폐병이라는 이별을 안겼다.

그녀는 사랑을 잃고,
한 겹씩 마음이 꺾였다.
다시 돌아온 조선,
전시회는 인산인해를 이루었고
그녀는 시대의 "신여성"이 되었다.

김우영,
그는 친일의 옷을 입었고
그녀는 그와 결혼했다.
함께 떠난 유럽 여행,
그녀는 프랑스에 남아 그림을 그렸고

그는 법률 공부를 위해 러시아로 떠나며
절친인 최린(崔麟, 일제강점기 친일파)에게
아내를 부탁했다.

그러나 그 부탁은
오해로 번졌고, 그 오해는 이혼으로
갈라졌다.
그녀는 그때부터
가정을 잃고,
이름도, 사랑도,
화가로서의 기회도 잃었다.

아들마저
가슴 속 피멍처럼
폐렴으로 먼저 떠났다.

그녀의 붓은

점점 말라갔고
전시회는 실패로 돌아왔고
그녀는 길에서, 사람들 틈에서
자신의 이름을 되새기며 살아야 했다.
그래도 그녀는 쓰고,
외쳤다.

"왜 여자만 정조를 지켜야 합니까?
왜 남자들은 자기 정조를 방치한 채
여자만을 단죄합니까?"

그녀는 싸웠다.
조선의 유교,
사회의 편견,
그리고 모든 위선 앞에서.

그녀의 글은 신문에 실렸고

사람들은 손가락질을 해 대며
"미쳤다"했다.

그녀는 결코 미치지 않았다.
그녀는 단지 인간이 되고 싶었을 뿐이다.

그렇게 삶의 끝에서,
서울 인왕산 청운양로원에서
무연고 병동에서 사망했다.

아내로서, 어머니로서가 아닌
"나혜석"이라는 이름 하나로 살기 위해
그녀는
시대와 싸웠다.

서울 대학로 마로니에 공연을 다녀와서
- 소프라노 윤심덕(尹心悳, 1897~1926)을 생각하며

물결이 잔잔하던 그날 밤,
그녀는 찬란히 사라졌다.
조선의 밤하늘 아래,
노래하는 첫 여인
윤심덕.

평양에서 태어나
도쿄에서 노래를 배웠다.
가난을 지워가며,
목소리 하나로
금단의 세계를 두드렸던
그녀는 조선 최초의
소프라노였다.

무대 위에 선 그녀는
항상 혼자였다.
청중의 박수는 쏟아졌지만,

조선 여성에게 허락된 꿈은
짧고, 엷고,
가시로 덮여 있었다.

사랑했으나
그 사랑은 세상을 넘지 못했고
노래는 했으나
그 노래는 조국의 하늘 아래
안식처를 찾지 못했다.

1926년 여름,
사랑하는 유부남(김우진)과 함께
현해탄 위에서
〈사의 찬미〉를 부르고
바다로 그 둘은 몸을 던졌다.

그녀는 죽음을 택했으나

삶보다 더 오래 남았다.
그날 이후
〈사의 찬미〉는
단지 노래가 아니었다.
시대의 절규였고
슬픈 청춘들의 마지막
숨결이었다.

윤심덕—
그대는 불꽃처럼 살았고
물결처럼 사라졌지만
당신의 노래는
지금도
바람을 타고
우리 곁에 머문다.

병천 아우내 장터를 다녀와서
- 애국열사 유관순(柳寬順, 1902~1920)을 생각하며

병천 들녘, 맑은 물줄기 흐르는
용두리 골짜기.
한겨울 찬바람 속에
작은 별 하나가 눈을 떴다.
1902년, 그날의 하늘은
유난히 맑고 깊었다.

아버지 유중권, 어머니 이소제
기도로 하루를 여는 집
매일 아침, 성경 소리가 들려오는
작고 단정한 초가에서
관순은 자랐다.

세월은 봄이었지만, 꽃은 피지 않는 어둠
총칼 아래서 꺾인 조국의 숨결은
처녀의 가슴에 뜨겁게 피어
하늘을 향해 울부짖는

만세로 피어났다.

열여섯.
아직은 교복 치맛자락이 바람에 흔들릴
나이.
그러나 그녀의 심장은
총칼보다 단단했고
억압보다 강했다.

"대한독립 만세"
그녀의 외침은 메아리가 되어
천안 아우내 장터를 뒤흔들었고
조선의 밤하늘을 갈랐다.

어찌 어린 소녀가 감옥이 두렵지 않으랴.
그러나, 나라 없는 백성의 분노 앞에서
감옥은 작고

고문도 작고
죽음조차도 작았다.

서대문 감옥 8호실,
살이 찢기고
피가 마르기를 거듭했지만
그녀의 목소리는 꺾이지 않았다.

"내 나라를 되찾는 건,
내 생명과도 바꿀 가치가 있어요."
옥중에서 생일도 맞았고
피투성이 속에서도
찬송가를 불렀다.

감옥의 어둠도
관순의 눈빛을 가릴 수 없었다.
잔혹한 고문과

망치질 같은 구타,
동료들의 손을 꼭 잡고
마지막까지 기도했다.

부서진 갈비뼈 위에도
꺾이지 않는 목소리.
피로 젖은 옷자락에도
마르지 않던 조국의 이름.

1920년 가을,
그녀의 심장은
스물도 되지 못해 멈추었고
그 피는
감방의 벽이 기억했고
벽을 타고 하늘로 올랐다.

그리고, 그녀의 이름은

교과서의 한 줄을 넘어
사람들 가슴속 불씨가 되었고
한 민족이 기억하는 딸의 이름으로
이 땅의 봄마다 피어나는
민족의 영원한 진달래가 되었다.

안산시 본오동 샘골을 다녀와서
- 농촌 계몽가 최용신(崔容信, 1909~1935)을 생각하며

거울 앞에 선 소녀는
곱디고운 이목구비 너머로
얼굴을 덮은 마마 자국에 눈물 젖었다.
"곰보"
그 단 한 마디는
세상의 조롱과도 같았고,
자신의 운명을 짓누르는 족쇄였다.

그러나 그녀는 울지 않았다.
눈물보다 뜨거운 열망,
책 한 권, 연필 한 자루가
운명을 바꾸는 길잡이가 되리라 믿었다.

함경남도 덕원군 두남리의 바람은
기독교의 물결과 함께
여성에게도 공부를 허락했고,
소녀 용신은 점심을 굶어가며

빛나는 우등 졸업장을 받았다.

혼인은 꿈이었다.
백마 탄 왕자를 기다리던
명신에게도
사랑받고 싶은 갈망은 있었다.

그러나 그녀는 선택했다.
"나는 조선의 농촌과 결혼하겠다."
그리고 거울 속 곰보는 사라졌다.
그 얼굴은 들판을 일구는 여신의 얼굴이
되었다.

샘골,
그 이름도 목마른 땅 위에
밤마다 등잔을 켜고
어른과 아이에게 글을 가르쳤다.

초라한 교회 마룻바닥이 교실이
되었고,
입김 섞인 숨결 속에서
배움은 꽃을 피웠다.

백 명이 넘는 학생들,
그리고 일제의 눈총,
강습소는 위협을 받았고,
용신은 야학을 품었다.

새벽닭이 울기 전까지
10리가 넘는 먼 길을 걸어
그녀는 교육이라는 씨앗을 뿌렸다.

그토록 기다리던 약혼자의 편지,
"기다려 달라"는 말 대신
다른 이와 혼인의 소식이 담겨 있었다.

가슴이 찢겨도
그녀는 무너지지 않았다.

여자,
곰보,
양반가 출신,
그 모든 말 앞에
그녀의 이름은 '용신'이었다.
조선의 가난과 무지와 절망을
품에 안고
타오르듯 살았던 사람.

그러나 몰랐다.
자신의 심장이 조용히 꺼져가고
있었음을.

어느 봄날,

그녀는 약혼자와 만난
일본에서 돌아왔다.
샘골이었다.

먼지 앉은 마룻바닥,
밤마다 울던 아이들의 웃음소리가
기다리고 있었다.

그녀는 앓아누운 몸으로
마지막 수업을 준비했다.
그리고 남몰래
이불 속에서 유언을 남겼다.
"나는 가지만, 이 학교는 영원히
살아남아야 한다."

스물여섯,
가장 눈부신 청춘의 문턱에서

그녀는 조용히 눈을 감았다.
샘골 뒷동산,
풀꽃들 사이로
한 소녀의 꿈이 누워 있다.

꽃잎이 흩날리면,
아이들의 글 읽는 소리 따라
그녀의 목소리도 바람결에 실린다.

그리운 이름,
최용신,
그녀는 지금도
조선의 농촌을 깨우는
작지만 큰 종소리로 살아 있다.

부산광역시 동래구 칠산동 319-1을 다녀와서
- 독립운동가 박차정(朴次貞, 1901~1944)을 생각하며

1901년, 가난한 농촌 마을에서 태어나
동래 일신학교,
그 뜨거운 배움터에서
한 여성은 자라났다.

황무지 같은 들판, 밟힐 듯한 작은
씨앗처럼,
그녀의 시작은 소박하고 무거웠다.
가난은 무거운 짐이었지만,
그 속에서 어머니의 손길과
소박한 가족의 사랑이 그녀를 품었다.

어린 시절, 배움은 쉽지 않았고
세상은 거칠었으며,
일제의 그늘은 늘 드리워져 있었다.
그러나 가난과 억압 속에서도
그녀의 마음속엔 불타는 꿈이 있었다.

평등과 자유, 정의를 향한 뜨거운 바람이
불었다.

근우회에서 여성의 권리를 노래하며
한 걸음 한 걸음 자유를 향해 나아갔다.
김원봉의 아내로서, 동지로서,
조선혁명군사정치학교 교관의 자리에서
그녀는 단단한 의지로 후배들을 이끌었고,
조선의용대 단장으로서
조국 해방을 위해 온몸을 바쳤다.

어깨에 총을 맞은 그날부터
후유증과 싸우며 고통 속에서도
끝내 해방의 봄을 보지 못한 채
1944년 봄, 세상을 떠났다.

국립묘지 아닌 공동묘지 같은 곳에

묻힌 그 모습이
우리 가슴을 더욱 시리게 한다.

그러나 그녀가 남긴 불꽃은 꺼지지
않는다.
인신매매와 공창제도 폐지,
부인 노동자의 임금 차별 철폐,
산전 산후 임금 지불의 권리까지 외쳤던
항일의 불꽃, 박차정.

거친 밭을 일구 듯
그녀는 스스로의 길을 개척했고,
어둠 속에서도 꺾이지 않는 의지를
키웠다.

그리하여,
그 작은 씨앗은

이 땅의 농민과 여성의 권리를 외치는
거대한 나무로 자라났다.

박차정,
그 이름은
어려움 속에서 피어난
불굴의 의지와 희망의 상징이다.

전남 광주 소심당 조아라 기념관을 다녀와서
- 광주의 어머니, 조아라(曺亞羅, 1912~2003)를 생각하며

전라남도 나주군 반남면 대안리,
1912년의 햇살 아래에서 태어난
한 아이.
조형률과 김성은의 둘째 딸, 그 작은 몸 안에
밝고 다정한 마음을 품고
초등학교 마당에서 웃음 짓고,
수피아여학교의 합창대와 하모니카 밴드
속에서
조용히 세상을 배우던 소녀.

세월은 조용히 흐르고, 1939년 그녀는
신학생 이택규와 함께 길을 걷기 시작했다.
아들 학인과 학송을 품에 안았지만,
세상의 폭력과 불의는 멀리서 기다리고
있었다.
남편이 교사직을 내려놓고 평양신학교로
떠나는 동안,

조아라는 광주 수피아여학교가 닫힌 그
자리에서,
그리고 감옥의 좁은 벽 사이에서 조국을
향한 마음을 더욱 굳게 다졌다.

해방의 기쁨이 찾아왔지만, 진정한
싸움은 끝나지 않았다.
건국준비위원회 부인회,
광주학생독립운동 백청단 사건,
그리고,
5.18광주 민주화운동의 부상자와
가족을 돌보는 손길 속에서
그녀는 '광주의 어머니'가 되었고,
민주화운동의 대모로 이름을 남겼다.

광주 YWCA의 회장으로서
여성의 권리와

약자의 권익을 지켰으며,
1992년 남북여성토론회에서
통일의 길을 모색한
그 발걸음 속에
한평생의 헌신과 용기가 담겨 있었다.

2003년, 91세의 나이로 세상을 떠난
그녀,
하지만 광주의 거리마다, 전라남도의
마음마다
조아라의 숨결은 살아 있다.
여성운동과 민주화운동의 길목에서
묵묵히 길을 밝히던
그 조용한 불꽃이, 오늘을 살아가는
우리에게 말을 건넨다.

"약자를 돌보고, 정의를 지켜라.
세상은 내가 바라는 만큼의 빛이 될 수 있다."

경북 봉화군 춘양면 의양리(구, 와단면 한수리)를 다녀와서
- 항일 운동가 이효정(李孝貞, 1913~2010)을 생각하며

조상 대대로
항일 운동가의 집안에서
태어난 그녀는.
자연스런 항일 피가 흘렀다.
공장에서, 형무소에서.

한복 자락을 여미고
밤마다 어둠 속을 걸었다.
총을 든 적보다 무서운 것은
'여자 주제에'라는 조롱이었다.

그러나 무섭지 않았다.
내가 한 일이 조국을 위하고
내가 넘은 산이 독립을 얻는 일임을,
어머니로, 아내로
동지로, 때론 감시자도 속이는
그림자로 암약했다.

광주학생사건으로 물고문을 견디며
경성 트로이카에 참여해
백지 동맹을 이끌고
한때 교편을 잡고
독서 모임을 통해 항일정신을
고취시켰다.

그러나, 그녀는 이력서를 쓰지 못했다.
그 모든 것이 죄가 되던 시대.
나라를 위한 일이 불온 문서였고
침묵이 생존이던 나날.

마침내 해방이 오고
사람들은 태극기를 흔들었지만
그녀는 조용히 빨래를 널었다.
누군가 말해주길 바랐지만
아무도 묻지 않았다.

그녀가 지금까지 무얼 했는지를.

세월은 흘렀고,
그녀의 이름은 어느 묵은 서류에서
'항일 운동가 이효정'
그렇게 단 한 줄로 발견되었다.

그녀는 안다.
빛은 언제나 앞을 비추지만
그늘이 있었기에 방향을 알 수
있었다는 걸.

오늘 누군가 그녀를 기억한다면
그것만으로 족하다.
그녀는 그늘에서, 조국을 위해
소리 없이 걸었던 한 사람일 뿐이니.

이화여대 법학관 '이태영홀'을 다녀와서
- 최초의 여성 법조인 이태영(李兌榮, 1914~1998)을 생각하며

평안북도 북진의 들녘,
바람 부는 작은 마을에서
나는
태어났다.
어머니의 헌신적인 도움으로
바람을 가르며 자랐습니다.

정의여고보,
평양의 봄을 지나
이화여전 가사과에 들어가
가난한 여인의 살림살이를 배웠습니다.
어떻게 살아야 하는지를 배우고,
어떻게 살게 해야 하는지를 품었습니다.

남편(정일형)이 감옥에 있던 그 어두운 해방 후,
나는 아이를 업고 법대를 향해
올라갔습니다.

지금의 서울대학교 법과대학,
그곳에서 나는 다시 책을 들었고,
밤마다 불 켜진 창 안에서
여성의 권리를 되찾았습니다.

법은 왜 약자의 편이 아니어야만 했을까,
여성은 왜 이름조차 없이 살아야 했을까,
나는 묻고, 외우고, 다시 일어섰습니다.
법관이 아니어도,
정의는 실현될 수 있다고 믿었기
때문입니다.

서울 종로의 조그마한 방 한 칸,
그곳에 '여성법률상담소'를 열었습니다.
억울한 이들의 사연이 물처럼 밀려들고,
나는 하루하루 법의 길을 새겼습니다.
돌길 위에도 꽃은 핍니다.

그 꽃들이 지금은 길이 되었습니다.

여성도 사람이기에,
사랑할 권리가 있고
이혼할 권리가 있고
자식을 지킬 권리가 있다고,
나는 말했습니다.

이태영,
나는 최초 법조인이었지만
결코 혼자가 아니었습니다.
내 곁엔 언제나 소리 없는 누이들의
침묵이 있었습니다.

나는
그 침묵에 이름을 붙였고
그 이름에 권리를 주었습니다.

'여성도 사람이다.'
그 단순한 진실 하나,
그 길 위에 수많은 딸들이 걷기를 바라며
나는
꽃 진 날에도, 끊임없이 되새김했습니다.

이태영,
그녀는
이 나라의 법에
여성의 이름 석 자를 처음 새긴
사람이었다.

충남 천안 '국립망향의동산'을 다녀와서
- 최초의 위안부 증언자 김학순(金學淳, 1924~1997) 여사를 생각하며

나는
열네 살 어린 나이에
거짓 말 한 마디에,
소녀의 꿈을 송두리째 빼앗기고
가족의 손에서 떨어졌다.

"직물 공장에 보내주겠다"던
중개인의 속삭임은
도쿄도, 오사카도 아닌
낯선 땅, 낯선 얼굴들
총칼 아래 피 흘리는 '위안소'였다.

나는,
사람이기를 멈춘 채
짐승처럼 버려지고,
숨죽인 채 밤마다 울었다.
한 번도 말하지 못한 고통이

몇십 년의 침묵으로 굳어갔다.

해방이 와도
나는 해방되지 못했다.
"창피하다"는 시선,
"그 입 다물라"는 조롱,
상처는 조국에서 더 깊어졌고
나는 이름 없이 살아야 했다.

마침내
그날이 왔다.

1991년 8월 14일,
나는 세상 앞에 섰다.
"나도 사람이다."
"일본은 사죄하라."
녹슨 목소리로 나는 말했다.

내가 먼저 말해야
나처럼 고통 받는 이들이 말할 수 있기에.

그리고,
내 입술로 시작된 증언은
바람이 되어 지구를 돌았고
기억의 소녀로,
역사의 이름으로 남았다.

나는 김학순,
꽃다운 나이에 꺾였으나
마지막에는 당당히 일어서
세상에 진실을 밝혔다.

그리하여
비로소
나는 '피해자'가 아니라

'증언자',
그리고
'역사'가 되었다.

경남 하동군 악양면 평사리를 다녀와서
- 《토지》 작가 박경리(朴景利, 1926~2008)를 생각하며

경남 통영의 바람 부는 작은 마을에서,
1926년 한 소녀가 태어났다.
바다와 산이 맞닿은 그 땅에서,
그녀는 삶의 깊이와 역사의 무게를
배워갔다.

어린 시절부터 글쓰기를 사랑했던
그녀는
세상의 아픔과 기쁨을 글로 담아내는
길을 선택했다.
전쟁과 분단의 상처 속에서도
인간의 삶과 자연, 역사를 끈질기게
그려냈다.

1969년부터 시작한 대하소설 《토지》는
30년에 걸쳐 완성된 거대한 서사였다.
그 속에서 박경리는 농민, 지주, 상인,

수많은 인물들의 희로애락을 펼쳐냈다.
땅과 사람, 시간과 역사가 어우러진
이 작품은
한국 현대문학의 정수로 자리 잡았다.

그녀의 문학은 단순한 이야기가 아니었다.
한국인의 정체성과 삶의 근원을
탐구하는
깊은 철학이자 사랑이었다.
농촌의 고단함, 인간관계의 미묘함,
역사의 아픈 흔적들을 숨결처럼
살려냈다.

박경리는 수많은 문학상과 국민훈장을
받으며
국내외에서 그 가치를 인정받았다.
그러나 그녀가 진정으로 바란 것은

사람들이 그녀의 글을 통해
자신과 세상을 더 깊이 이해하는
일이었다.

그녀의 삶과 작품은
한국 문학의 거대한 뿌리가 되었고,
수많은 후배 작가와 독자들에게
영원한 등불로 남았다.

박경리,
그 이름은 바람과 땅의 노래,
한국 문학의 큰 뿌리이며,
땅과 사람 사이에서 흐르는 시간의 강,
그 속에 살아 숨 쉬는 인간의
이야기다.

전남 영광군 백수면 장산리를 다녀와서
- 세계적인 RNA 연구자 김빛내리(1969~)를 생각하며

아름다운 해안과 농촌이 어우러진 영광에서
어머니, 아버지가 교사인 교육적 가정의
학문적 분위기 속에서 태어났다.
초등학교를 졸업하고 상경, 1980년대 서울의 한 학교,
그곳에서 책과 호기심으로 성장한 소녀는
미지의 세계를 향해 첫발을 내딛었다.

대학에서 만난 RNA,
작고 보이지 않지만 생명을 조율하는 존재,
그 비밀을 풀고자 생명과학의 문턱을 넘으며
세포 속 숨겨진 이야기를 듣기 위해
수많은 밤을 실험실 불빛 아래서 지새웠다.

"생명은 말하지 않아도 들을 수 있어야 한다."
그 신념으로 김빛내리 박사는
RNA 간섭 현상을 밝혀내며
세계 과학계를 놀라게 했다.

이 작은 분자는 유전자의 소리를
조절하며,
암과 질병을 치료할 새로운 길을 열었다.

그 발견은 노벨상 후보로 거론되며,
한국 과학의 위상을 높였고,
수많은 젊은 과학자들에게 영감을 주었다.

그러나 그녀는 연구실에만 머무르지 않았다.
과학 교육과 후진 양성에 힘쓰며,
특히 여성 과학자의 길을 걷는 이들에게
든든한 버팀목이 되었다.

학문과 인류애를 함께 품은 김빛내리,
그녀는 오늘도 미래의 과학들과
생명의 언어를 함께 배워가고 있다.

그 이름은 과학의 등불로,
우리 시대의 빛나는 자부심으로 남아
세상에 새로운 희망을 선물한다.

전남 장흥군 회진면 남도문학관을 다녀와서
- 노벨문학상 수상자 한강(漢江, 1970~)을 생각하며

전남 광주 장흥에서 태어났다.
1970년 늦가을,
바람이 창문을 밀치던 날,
한 아이가 세상의 문을 열었다.

그 아이의 이름은 '한강漢江'
글의 강, 침묵의 물살이 마음속을 흐르던
이름

그녀의 아버지는
남도 해풍에 찬바람을 묻혀온 이야기꾼,
소설가 한승원韓承元.

그의 펜 끝에선
갯마을의 생과 죽음이 춤췄고
그의 서재는 파도처럼 넘실대는

문장의 바다였지.

책이 벽을 삼켰고
책이 숨을 쉬는 집에서
어린 한강은
침묵 속에서 말을 배웠다.

밖은 소란했고
안은 적막했으며
그 틈새에서 그녀는
세상의 어둠을 품는 법을 배웠다.

한글보다 먼저
활자에 손이 닿았고
말보다 먼저
마음에 침잠하는 슬픔을 배웠다.

그녀는 언젠가 말했지
"나는 글을 쓰기 위해 태어난 사람 같다."고

피를 물려받은 것이 아니라
고요를 물려받은 것이다.

불온한 시대에
문학은 생존의 창이었고
한강에게는
눈물 대신 종이가 주어졌으며
절규 대신, 문장이 허락됐다.

그리하여
그녀의 말 없는 분노와 고통은
《채식주의자》가 되었고,
《소년이 온다》가 되었으며,
죽은 이들을 기억하는

가장 뜨거운 방식이 되었다.

아버지가 준 펜과 어머니의 침묵이
그녀를 만들었다.

책으로 둘러싸인 방,
말보다 깊은 문장 속에서
한강은 그렇게
세상을 견디고, 말하고,
건너고 있었다.

그리고, 2024년
노벨의 이름 앞에서
한강은, 대한민국은,
세상의
빛이 되었다.

전남 광주과학기술관을 다녀와서
- 우주인 이소연(李素姸, 1978~)을 생각하며

전남 광주에서 태어난 소녀는
별처럼 빛나는 꿈을 안고 자랐다.
과학은 그녀에게 언어였고,
수학과 물리의 공식은 별을 부르는
주문이었다.

어린 시절,
하늘을 올려다보던 소녀는
끝없이 펼쳐진 밤하늘에
별빛과 꿈을 담고,
작은 눈망울에 우주를 담았다.

수많은 도전과 좌절 속에서
포기란 없었다.
그녀는 말했다.
"우주는 나에게 끝없는 질문을 던지는 곳이다."
그 질문 앞에 두려움은 없었다.

2006년, 대한민국 최초의 우주인으로
선발되어
러시아 바이코누르 우주센터로 향했다.
2008년,
소유즈 TMA-12호를 타고 떠난 그날,
지구와 우주 사이를 잇는 다리가 되었다.

11일간의 국제우주정거장 임무,
과학 실험과 우주 생활을 수행하며
인간과 과학의 한계를 시험했다.
그녀가 우주에서 보낸 시간은
대한민국 꿈의 상징이었다.

우주에서 돌아와,
지구의 품에 안겼지만,
별과 하늘을 향한 마음은
여전히 뜨겁다.

그녀는 오늘도,
후배들과 함께 미래를 그린다.

과학자로, 우주인으로,
그리고 여성으로서
한계를 넘어선 한 사람.
이소연,
별이 되어 빛나는 이름.

과학과 인류에 대한 사랑으로
별과 지구 사이에
끝없는 다리를 놓은 사람.

그녀의 눈빛은 오늘도
우주의 무한을 향해 반짝인다.

마치며,
- 죽지 못해 살아온, 이름 없는 여인들에 바치는 헌시獻詩

기록되지 않았다.
족보에도 없고,
눈물만이 흔적으로 남았다.

어린 나이에 낯선 집안의 며느리가 되어,
아직 아이인 몸으로
무릎 꿇고 상을 차리던 조선 무명의 여인들.

삼종지도三從之道로, 친정아비 뜻 따라 살고,
남편 뜻 따라 숨 쉬고,
아들 뜻 따라 죽어간 인생.

칠거지악七去之惡의 모진 기준 앞에
말 한 마디,
자식 못 낳은 죄로 쫓겨나고
속울음 삼긴 채, 문밖에 내쳐졌던

이름 모를 어머니들.

"딸은 귀하지 않다"는 말,
"아들은 가문을 잇는다"는 말.
그 말들이 비수처럼 꽂히던 가슴을
그 여인들은 꿰매며 살아왔다.

살아서 살아 있는 것이 아니었다.
죽지 못해 살았다.
울지 않기 위해
돌멩이 같은 밤을 삼켰고
소리 없는 새벽에
오롯이 두 팔로 가족의 허기를 안았다.

비녀 하나, 손때 묻은 수틀 하나에
그녀의 청춘과 꿈이 다 묻혔다.

열아홉에 아이를 낳고,
스물에 살림을 꾸리고,
서른에 병든 시부모를 모시다
쉰도 안 되어 허리가 굽었다.

아무도 묻지 않았다.
그 여인들이 무엇을 견뎠는지
무엇을 잃고
무엇을 삼켰는지.

하지만,
그 여인들이 있어 이 땅이 살아났다.
그녀들의 땀과 눈물 위에
가문이 자랐고,
민족이 자랐다.

그 여인들은 말하지 않았다.
말할 수 없었다.
그러나 그 침묵이,
역사보다 더 긴 진실이었다.

에필로그

그들의 이름은 희미했지만,
그들의 고통은 선명했다.
나는 다녀왔고, 오래도록 생각했다.
비극은 끝이 아니며,
기억은 글이 되어 다시 피어난다.

고래억 서사 인물 에세이

다녀와서, 생각하며

인쇄 2025년 9월 20일
발행 2025년 9월 25일

지은이 고래억
발행인 이노나
펴낸곳 산사나무
주 소 서울특별시 종로구 창덕궁길 146-1, 302호
전 화 010-8208-6513
이메일 sansanamu22@hanmail.net
출판등록 제2022-000122호

저작권자 ⓒ2025, 고래억
이 책의 저작권은 저자에게 있습니다. 서면에 의한 저자의 허락 없이
내용의 일부를 인용하거나 발췌하는 것을 금합니다.

저자와 협의, 인지는 생략합니다.
잘못된 책은 바꿔 드립니다.

ISBN 979-11-989899-7-0 03810

값 15,000원